À quoi sert cette vignette ?
p. 119

prenons soin
de la **TERRE**

COPAIN de L'ÉCOLOGIE

Anne Lesterlin et Angélique Le Touze

Illustrations de Sébastien Chebret
et de Benjamin Flouw

MILAN

Sommaire

Agissons tous
pour la planète !

C'est en pensant à l'équilibre de la biodiversité dans chacune de nos actions que nous pourrons vivre en harmonie sur Terre.

PROTÉGER LA BIODIVERSITÉ

La formidable diversité du vivant qui s'est créée depuis l'apparition de la vie sur Terre, il y a 3,8 milliards d'années, est aujourd'hui menacée. La nature, dans toute sa richesse et sa beauté, est en danger. Notre seule option est de préserver l'environnement pour la survie des espèces, y compris la nôtre.

L'écologie, base de toute vie

L'écologie tient aujourd'hui une place de choix dans les esprits, les médias et la publicité. Mais pas assez dans les décisions politiques et industrielles. Plus que jamais, nous devons agir ensemble pour protéger notre planète.

Environnement

C'est tout ce qui entoure un être vivant et peut avoir un effet sur lui : les autres êtres vivants, mais aussi la température, la luminosité, l'humidité, la composition de l'air, de l'eau, de la terre…

Une science du vivant

L'écologie est avant tout une science. Née à la fin du XIXe siècle, elle étudie les relations des êtres vivants entre eux et avec leur milieu de vie. Les scientifiques spécialisés en écologie, les écologues, s'intéressent à tout ce qui permet à un être vivant ou à une population de vivre et d'évoluer dans un environnement donné. Ils cherchent également à comprendre comment fonctionne la vie dans des écosystèmes entiers tels qu'une forêt, un lac, une prairie…

De l'écologie à l'écologisme

En 1967, le pétrolier *Torrey Canyon* fait naufrage : des milliers de tonnes de pétrole envahissent l'océan et déferlent sur les côtes anglaises et françaises, tuant sur leur passage toute forme de vie sauvage. La catastrophe est sans précédent et porte à présent un nom : c'est une marée noire. Les consciences s'éveillent à la protection de l'environnement. C'est le début d'un grand mouvement de pensée et d'actions pour protéger la nature et l'homme : l'écologisme.

Des Californiens (États-Unis) manifestent pour une énergie propre, suite à plusieurs marées noires.

Il est urgent de tourner la page et de repenser nos sociétés pour préserver la planète.

Changer les mentalités

On qualifie d'« écologique » ce qui a peu d'impact sur l'environnement. Les activités de nos sociétés modernes ont toutes des conséquences sur l'environnement, puisque nous sommes près de 8 milliards à manger, utiliser de l'énergie, nous déplacer, produire des déchets… au quotidien !
En quelques mois, nous utilisons plus de ressources que la Terre ne peut en produire chaque année, tout en polluant l'air, la terre et l'eau, ressources vitales.
Il y a donc une véritable urgence à repenser nos sociétés selon un fonctionnement respectueux de la nature.

Petit geste éco

Utilise le vélo le plus souvent possible.
Ça fait du bien aux jambes… et à la planète !

Cette écologue analyse la pureté de l'eau et étudie les organismes qui vivent dans cette rivière. Si l'eau se révèle polluée, elle cherchera à déterminer les impacts de cette pollution sur la faune et la flore aquatiques.

L'effet d'une marée noire

Une marée noire est dévastatrice pour la faune et la flore marines et côtières. Les produits pétroliers se comportent alors comme de l'huile. Comprends comment ils agissent grâce à cette expérience.

- **2 verres transparents**
- **2 clous neufs, non inoxydables**
- **Huile**
- **Eau**

1. Place un clou dans chaque verre, à moitié rempli d'eau.

2. Incline légèrement un des verres pour y ajouter doucement une couche d'huile de 3 cm.

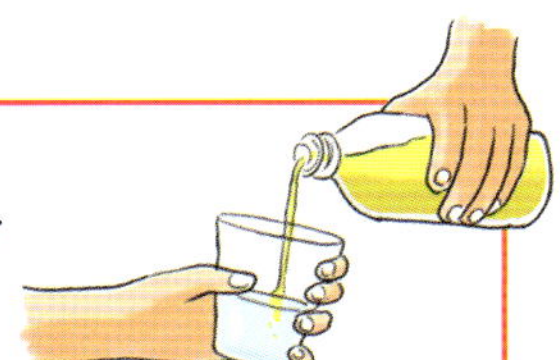

3. Observe l'aspect des clous pendant 1 semaine au minimum. Le clou du verre avec l'huile rouille moins : le dioxygène de l'air participe à la réaction chimique qui fait rouiller le fer en présence d'eau ; avec l'huile, il passe moins bien dans l'eau.

Lors des marées noires, le pétrole joue le même rôle que l'huile ici : les organismes marins manquent d'air et sont asphyxiés, en plus d'être intoxiqués.

La richesse de la biodiversité

Si l'on se préoccupe surtout des êtres vivants que nous pouvons voir et toucher, la majeure partie de la diversité du vivant est invisible à nos yeux. Toute cette vie forme la biodiversité.

Combien d'espèces ?

À ce jour, 2 millions d'espèces d'êtres vivants ont été répertoriées, dont 900 000 insectes, 390 000 plantes à fleurs et 44 000 vertébrés. Alors que, chaque année, on découvre 10 000 nouvelles espèces, on estime que 90 % des insectes, des champignons et des organismes abyssaux restent à identifier ! En ce qui concerne les micro-organismes comme les bactéries ou les virus, c'est le flou le plus grand. Capables d'évoluer en permanence, ils constituent les groupes les plus diversifiés : il en existerait des milliards !

Écosystème

Système formé par un environnement et l'ensemble des espèces qui y vivent.

Une incroyable variété

Les êtres vivants revêtent une gigantesque diversité de tailles, d'apparences et de fonctionnements. Les virus, 10 000 fois plus petits que les puces et se reproduisant à l'intérieur de cellules, côtoient des organisme immenses. La diversité du vivant se retrouve également au sein d'une même espèce. Il suffit d'observer les différences dans l'espèce humaine, d'un bout à l'autre de la planète : nous sommes tous différents !

22 mai

Journée mondiale de la biodiversité

L'extraordinaire forêt de Pando est âgée de 80 000 ans. Ses 47 000 peupliers faux-trembles sont reliés entre eux, ce sont des clones.

Une infinité d'écosystèmes

Si la variété du vivant est immense au sein d'une seule espèce, mais aussi d'une espèce à l'autre, elle l'est encore plus lorsqu'on s'intéresse aux combinaisons d'espèces dans un même écosystème. Par exemple, dans le système digestif, il existe autant de combinaisons de micro-organismes que d'intestins pour les héberger ! Ces combinaisons d'espèces intestinales varient au cours du temps et sont complètement différentes de celles qu'on trouve sur notre peau, dans une forêt ancienne, une forêt exploitée, une mare, une prairie de montagne, un fromage...

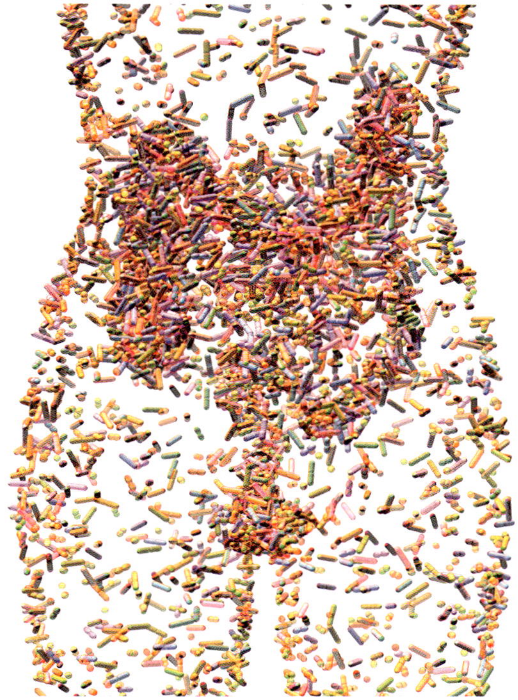

Le microbiote est un ensemble de micro-organismes vivant dans un environnement ou une matière, ou encore chez un hôte végétal, animal ou humain (comme ici). Le microbiote de nos intestins pèse plus de 1 kg !

Petit geste éco

Pensons aux êtres vivants indispensables à notre santé que notre peau, nos intestins ou notre bouche hébergent. Les produits hygiéniques, ménagers, notre alimentation ou encore les antibiotiques peuvent déséquilibrer la symbiose qu'ils entretiennent avec notre corps.

Inventorie la biodiversité

Les biologistes inventorient régulièrement la biodiversité, afin de mieux comprendre ce qui se passe dans les écosystèmes ou pour vérifier si une espèce ou un milieu est en bonne santé. Réalise un inventaire à ton tour !

- **Papier**
- **Crayon**
- **Livres ou magazines pour reconnaître la faune et la flore**
- **Loupe (facultatif)**
- **Appareil photo (facultatif)**

1. Choisis un écosystème : par exemple une mare, une forêt, une prairie, ou même un coin de verdure en ville.

2. En t'aidant des livres, identifie les espèces que tu vois, note leur nom, leur nombre et leur localisation.

Tu ne trouves pas certaines espèces dans tes guides ? Dessine-les ou photographie-les, tu pourras les identifier plus tard.

Une fantastique adaptation

La diversité du vivant est le fruit d'une longue adaptation des espèces pour se nourrir, survivre et procréer dans des environnements aux avantages et aux contraintes variés.

Des millions d'années séparent l'apparition d'*Homo* de celle de l'homme moderne (*Homo sapiens*).

Adaptations vitales

Face au froid de l'hiver, à la nuit ou au jour permanents dans les pôles, aux pressions des abysses océaniques, à l'humidité des moussons ou à la sécheresse des déserts, face au nécessaire partage de la nourriture, aux grands prédateurs, aux organismes infectieux et aux parasites... les êtres vivants ont dû mettre en place diverses stratégies pour survivre : hibernation, migrations, variabilité du pelage ou plumage...

Originaire de Terre-Neuve (Amérique du Nord), l'harelde boréale migre dès juillet jusqu'en Afrique du Nord.

L'orang-outan subit une pression humaine (*voir* p. 20) qui ne cesse d'augmenter. On craint sa disparition en milieu naturel dans les prochaines décennies.

Un lent processus

Excepté chez les organismes qui se reproduisent extrêmement vite (comme les bactéries), la sélection naturelle agit sur des temps longs. Ainsi, la biodiversité telle qu'on la connaît a mis des millions d'années à se mettre en place.

Qui garde le mieux l'eau ?

On ne trouve pas les mêmes plantes en fonction des climats, du sol, de la présence d'ombre et de soleil. Dans un lieu donné ne poussent que celles qui y sont adaptées. À quelles conditions sont adaptées les plantes grasses, ou plantes succulentes ? Réponds par cette expérience !

- **Plante non grasse aimant le soleil, en pot**
- **Plante grasse en pot (un cactus, par exemple)**
- **Eau**

1. Arrose un peu les 2 plantes.

2. Place-les au soleil.

3. Sans ajouter davantage d'eau, observe ce qui se passe au cours des jours suivants.

Sans eau, la plante non grasse commence à flétrir. Arrose-la vite pour la raviver !

La plante grasse n'a aucun problème à tenir longtemps : ses feuilles sont pleines de réserves d'eau. Elle est adaptée aux climats arides, où l'eau manque.

La sélection naturelle

Les cellules contiennent une molécule, l'ADN, qui détient toutes les informations nécessaires pour fabriquer un organisme et le faire fonctionner. Lors de chaque reproduction de ses individus, toute espèce peut subir de légères mutations de son ADN. Face à un changement dans l'environnement, cette mutation pourra donner ou non à l'individu un avantage pour survivre. S'il survit et a une descendance, il lui transmettra la mutation, lui permettant à son tour de survivre. Grâce à ce phénomène, de nombreuses bactéries sont devenues résistantes aux antibiotiques.

Aide-toi d'un modèle pour mieux comprendre comment s'organise une molécule d'ADN.

Petit geste éco

Rapporte à la pharmacie les médicaments périmés ou inutilisés : jetés parmi les autres déchets ou, pire, dans l'eau, ils sont très nocifs pour l'environnement.

Les chaînes alimentaires

Dans la nature, tout est lié. Chaque élément, vivant ou inerte, tient une place et un rôle bien précis dans l'organisation de la vie sur Terre.

À chacune sa place

Chaque espèce est en interaction avec une multitude d'autres dont elle dépend : on parle d'interdépendances. Ces dépendances sont en partie alimentaires : tous les êtres vivants ont besoin d'énergie pour vivre et se reproduire. Ils la puisent dans leur nourriture. Afin de pouvoir coexister en harmonie, les espèces vivant dans un même lieu convoitent chacune une nourriture différente. Elles ont ainsi chacune leur propre niche écologique, ce qui permet l'équilibre de l'ensemble des chaînes alimentaires.

Petit geste éco

Une araignée a surgi dans ta chambre ? Remets-la simplement dehors : aussi velue soit-elle, elle a autant d'importance dans les chaînes alimentaires que n'importe quelle autre espèce.

Les réseaux alimentaires

Les êtres vivants peuvent être divisés en 6 grandes catégories, selon leur alimentation. Les voici représentées dans un schéma s'appuyant, pour chacune d'elles, sur quelques exemples, avec notamment des espèces marines illustrées dans les ronds bleus.

Les producteurs
Ce sont les végétaux chlorophylliens, ceux qui sont verts. Ils ont la capacité de transformer le dioxyde de carbone (CO_2), gaz contenu dans l'air, en sucres, sous l'action de la lumière, grâce à la chlorophylle de leurs feuilles. Du dioxygène (O_2) est alors rejeté dans l'air. C'est la photosynthèse, à la base des chaînes alimentaires et de la vie.

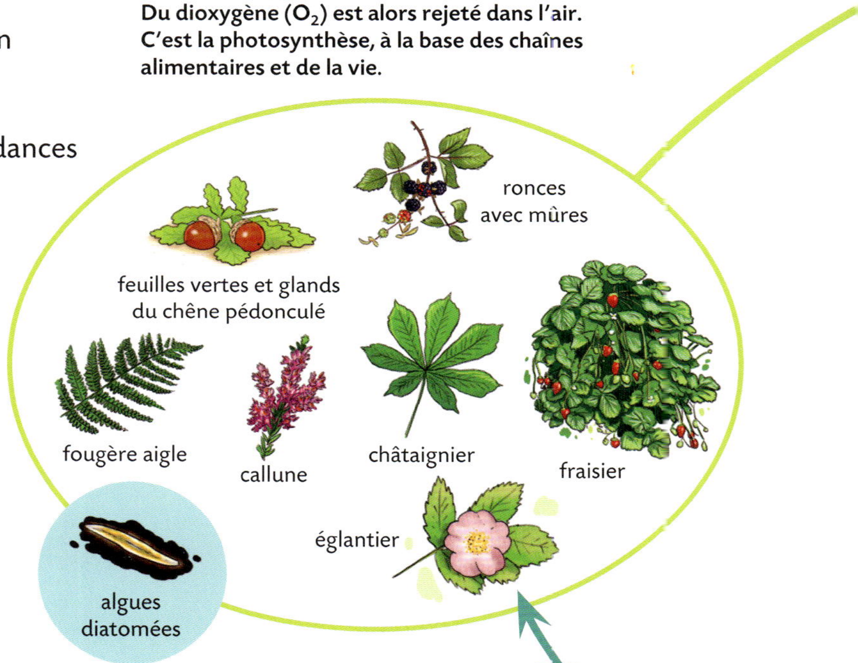

Les décomposeurs transformateurs
Ils bouclent la boucle. Ce sont les populations de bactéries, de champignons et animalcules du sol et de l'eau, qui décomposent la matière morte jusqu'à son retour complet à des composants de la terre, la rendant utilisable par les plantes.

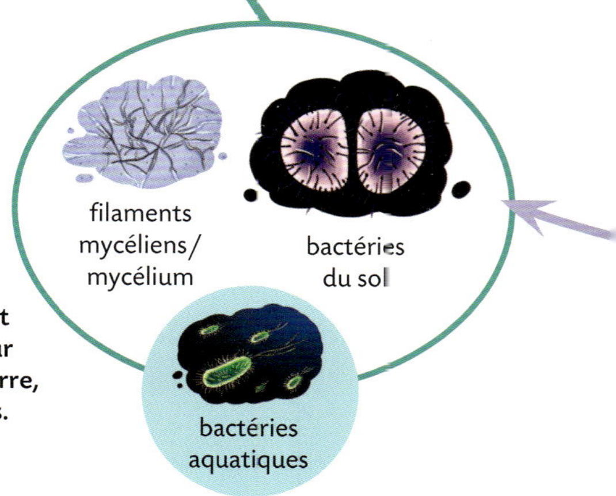

Niche écologique

C'est la place, unique, d'une espèce dans un écosystème : elle englobe son rôle, son habitat, son régime alimentaire, ses rythmes d'activité et ses relations avec les autres espèces.

Les consommateurs primaires
Ils se nourrissent de plantes, de leurs fruits, de leurs graines. Ce sont des herbivores.

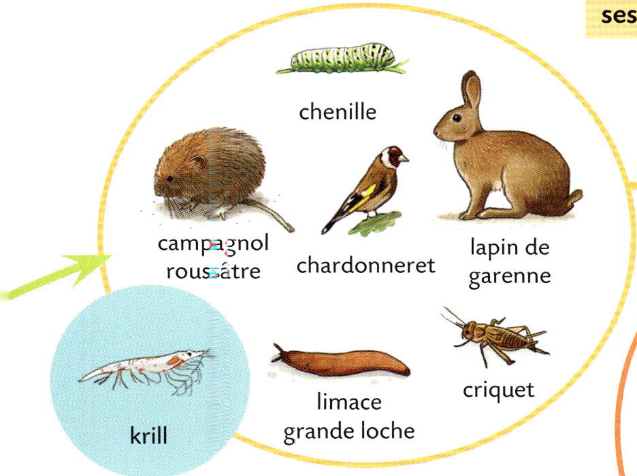

Les consommateurs secondaires
Ils mangent les herbivores. Ce sont des prédateurs carnivores.

Les décomposeurs détritivores
Ils se nourrissent de cadavres et d'excréments qu'ils décomposent pour donner l'humus du sol. Ce sont les nécrophages (ou charognards), comme les vautours, qui consomment les cadavres frais ; les saprophages, comme les vers de terre, qui mangent les restes de végétaux et de cadavres enterrés ; et les coprophages, comme les bousiers, qui se nourrissent et élèvent leurs larves dans les excréments.

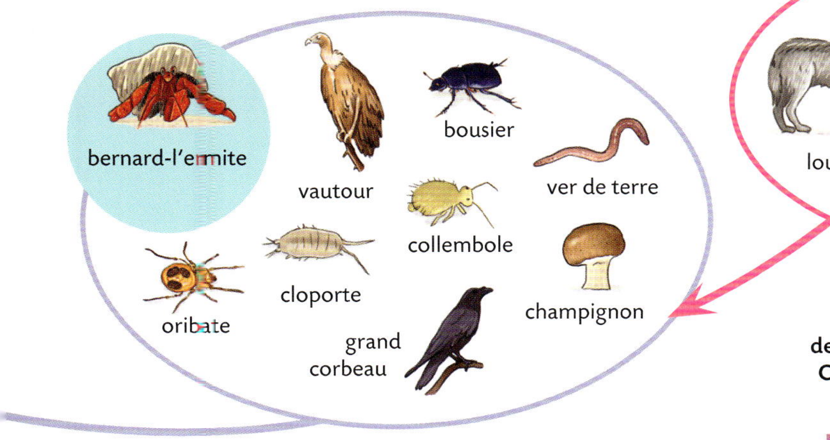

Les consommateurs tertiaires
Ils se nourrissent essentiellement de consommateurs primaires ou secondaires. Ce sont des carnassiers, ou superprédateurs.

Dans les faits, les chaînes alimentaires ne sont pas aussi simples : les catégories se croisent du fait des régimes alimentaires variés de nombreuses espèces, comme les omnivores, qui mangent de tout. On distingue aussi les parasites, qui mangent partout où les assiettes sont à leur goût. On parle alors de réseaux alimentaires.

100 %

C'est le pourcentage d'espèces de l'île de Sainte-Hélène, dans l'océan Atlantique, endémiques de cette île. Cela signifie que ces espèces et leur niche écologique ne sont présentes que là-bas.

L'entraide, l'autre loi de la jungle

Si les méthodes de défense et d'attaque du vivant sont aussi variées qu'étonnantes dans la nature, les espèces ne sont pas toujours les unes contre les autres : l'entraide joue aussi un rôle important.

Un impala et son compère, le piquebœuf à bec rouge, qui le débarrasse de ses parasites.

Échanges vitaux

Certains êtres vivants se rendent des services si importants qu'ils ne pourraient vivre l'un sans l'autre. On appelle cela une symbiose. C'est le cas des champignons qui s'associent aux racines des végétaux chlorophylliens, comme les arbres. Hébergé et nourri par l'arbre, le champignon éloigne les bactéries et apporte à l'arbre azote, minéraux, enzymes et vitamines, essentiels à sa croissance.

Merci les insectes !

Pas moins de 80 % des plantes à fleurs sont fécondées grâce aux insectes !

Odeurs, formes et couleurs se chargent d'attirer les pollinisateurs. L'orchidée ophrys se déguise même en abeille pour mieux les séduire.

Transports en commun

Comme il leur est impossible de se déplacer, toute aide extérieure à la reproduction des végétaux est la bienvenue. Ainsi, en échange de pollen, nectar, graines ou fruits, les animaux participent largement à leur fécondation et à la dispersion de leurs graines par leurs excréments ou le transport dans leur pelage. Certaines graines doivent leur dispersion aux fourmis quand d'autres ont recours aux insectes pollinisateurs, tels que les abeilles. Ces dernières déplacent le pollen de l'organe reproducteur mâle d'une fleur (les étamines) vers l'organe femelle (le pistil).

Petit geste éco

Tu viens de trouver une superbe orchidée sauvage ? Plutôt que de la cueillir pour ne profiter de sa beauté que quelques minutes avant qu'elle ne fane, laisse-la s'épanouir dans la nature et reviens la voir.

Échange de services

Les labres nettoyeurs, de petits poissons des mers tropicales, ont pour spécialité l'épouillage des autres poissons : sans relâche, ils se nourrissent de leurs parasites, peaux mortes et tissus infectés, mangeant ainsi 4,8 parasites par minute environ. On estime qu'ils aident en moyenne 2 300 autres espèces par jour. Conscients des services rendus, leurs clients se laissent faire patiemment et les remercient... en leur laissant la vie sauve.

Petit nettoyage de dents par un labre, sans risque de se faire croquer, même par la redoutable murène léopard !

La loi du plus fort n'est pas forcément la meilleure

Dans leur livre *L'Entraide, l'autre loi de la jungle*, les scientifiques Pablo Servigne et Gauthier Chapelle estiment que, face à l'ampleur des problèmes environnementaux de demain, la capacité à l'entraide, qui fait ses preuves dans la nature et existe en chacun de nous, est ce qui nous sauvera.

Certaines fourmis « traient » les pucerons pour se nourrir de leur miellat. En échange, ces fourmis chassent les coccinelles qui, autrement, mangeraient les pucerons. On parle de « mutualisme ».

Parasite

Organisme qui vit aux dépens d'un hôte. Il peut être bénéfique (cas de certaines symbioses) ou nocif, en transmettant ou en provoquant des maladies, voire la mort de l'hôte.

Observe les fourmis

Au printemps et en été, observe ces ingénieuses petites bêtes.

Certaines graines les intéressent particulièrement car elles possèdent une excroissance charnue dont les fourmis raffolent.

C'est ainsi que ces graines sont déplacées vers un endroit où elles pourront germer, loin de leur plante mère ou au milieu des déchets de la fourmilière.
Cette coopération végétaux-fourmis est appelée myrmécochorie.

Préserver l'équilibre

Notre planète ne va pas bien. La liste de ses souffrances est déjà longue, et elle continue de s'allonger… Le constat est inquiétant mais, heureusement, il existe des solutions, à condition que l'on se donne la peine de les mettre en œuvre. Dénoncer les dangers, c'est déjà lutter !

L'extinction est en marche !

La nature a survécu à 5 extinctions de masse causées par des éruptions volcaniques, des collisions d'astéroïdes ou encore une gigantesque libération de méthane par le plancher océanique. 75 % des espèces animales terrestres et 96 % des espèces marines ont ainsi disparu il y a 250 millions d'années, au cours de l'extinction du Permien. Il a fallu 50 millions d'années pour retrouver, par le jeu de l'évolution, une biodiversité équivalente à celle d'avant l'extinction. Aujourd'hui, une 6e extinction de masse est en cours, et cette fois, c'est l'homme qui en est responsable !

2 sur 3

Des études prédisent la disparition de 2 espèces sur 3 d'ici la fin du siècle, à cause de la modification de leur environnement (habitat, climat).

La pression de sélection

On parle de pression de sélection lorsqu'un facteur important oblige les espèces à fuir, à évoluer ou les pousse à la mort. Depuis quelques siècles, et plus encore ces dernières décennies, l'activité humaine applique sur la nature une insoutenable pression de sélection : les espèces, n'ayant pas le temps de s'adapter, disparaissent massivement, et avec elles des écosystèmes entiers. D'autres s'adaptent, créant une nouvelle nature. L'espèce humaine, elle, aura-t-elle le temps de s'adapter ?

Il reste des pumas aux États-Unis, mais la sous-espèce qui vivait dans l'Est américain a été déclarée éteinte en janvier 2018. En 2019, ont été répertoriées plus de 28 300 espèces menacées, chiffre en constante augmentation.

plantation de palmiers à huile

La biodiversité en danger

Quels sont les 5 grands types de menaces pesant sur la biodiversité ?

• La destruction des habitats
Les forêts millénaires sont remplacées par des cultures de palmiers à huile, de soja, de café, d'avocats. La pêche intensive détruit fonds marins et coraux. Les zones humides sont asséchées. Nos constructions, nos lumières et nos bruits attaquent les habitats naturels.

• La surexploitation des espèces
Elle inclut la pêche et la cueillette intensives, légales ou non, qui portent à conséquences. Par exemple, la mort accidentelle de 200 000 tortues caouannes à cause de la pêche à la palangre, en 2000. D'autres espèces meurent de faim car les espèces dont elles se nourrissaient ont disparu : c'est la coextinction.

• Les invasions biologiques
L'activité humaine à travers le monde favorise l'introduction accidentelle d'espèces invasives dont l'effet est dévastateur sur les espèces endémiques.

Un ourson polaire et sa mère sont coincés sur un morceau de banquise à la dérive, à 22 km des côtes. Difficile pour cette espèce de survivre dans de telles conditions.

Petit geste éco

Savais-tu qu'il existe des centaines d'espèces de papillons ? Participe à l'inventaire des papillons de jardins de l'association Noé conservation ! Inscris-toi à l'Observatoire de la biodiversité des jardins, sur noe.org, onglet « Reconnecter ».

Cette tortue caouanne a avalé une ligne en nylon avec un hameçon de pêche à la palangre.

• La pollution
Pesticides, engrais, déchets, médicaments, plastiques polluent la terre, l'air et l'eau, impactant les êtres vivants qu'ils abritent. Les polluants se concentrent dans les organismes au fur et à mesure de l'avancée vers le sommet du réseau alimentaire.

• Le changement climatique
Variations de température, montée des eaux, fonte des glaces, pluies acides, acidification des océans et maladies obligent les espèces sensibles à s'adapter, se déplacer... ou mourir.

L'effet papillon

Lorsqu'on ne réfléchit pas assez avant d'agir, de graves conséquences, inattendues et difficilement contrôlables, peuvent avoir lieu. C'est l'effet papillon, qui peut se produire quand on touche à la nature et à ses complexes liens entre les êtres vivants.

D'où vient l'expression « effet papillon » ?

Elle a été créée par le météorologue Edward Lorenz, qui posa en 1972 la question suivante : le battement d'ailes d'un papillon au Brésil peut-il provoquer une tornade au Texas ?

Les liens entre espèces

En 1859, le grand naturaliste Charles Darwin met en évidence les liens entre espèces par un exemple volontairement exagéré.

Les bourdons sont les seuls à pouvoir féconder les trèfles. S'ils disparaissent, les prairies de trèfles disparaîtront donc aussi. Les bourdons sont généralement éliminés par les mulots… qui sont chassés par les chats. Si les mulots disparaissent, tués par les chats, les trèfles se multiplient, fécondés grâce à l'abondance des bourdons.

C'est donc là où les prairies de trèfles sont les plus denses que les chats domestiques doivent être les plus nombreux. Or, le trèfle est l'alimentation principale du bétail, et les marins britanniques consomment beaucoup de bœuf.

Ainsi donc, si l'on relie tout cela… la puissance maritime de la Grande-Bretagne doit être en partie due aux vieilles dames qui, bien seules, reportent leur affection sur les chats !

Les mangoustes de Jamaïque

Avec le trafic maritime, 3 espèces de rats ont envahi la Jamaïque au XIXe siècle. Ces rats détruisant les plantations de canne à sucre, des prédateurs ont été introduits pour les combattre, tels que le serpent jaune de Jamaïque ou une fourmi de Cuba, sans succès. On a tenté d'introduire le furet, mangé par le serpent jaune, ou encore un crapaud venimeux, qui chassait les insectes plutôt que les rats. Chacune des espèces importées est devenue invasive, créant d'importants dégâts sans pour autant supprimer les rats. C'est finalement la mangouste de Java qui extermina une partie des rats… et quantité d'autres espèces sur l'île et les Antilles alentour !

En 1872, 10 mangoustes de Java ont été introduites en Jamaïque. L'île en compte aujourd'hui des milliers.

Rien de tel que d'observer les espèces pour apprendre à les protéger.

Réfléchir avant d'agir

Les exemples d'actions humaines sur la nature, volontaires ou non, aux conséquences en chaîne dramatiques sur les écosystèmes sont multiples. Pour ne pas reproduire les mêmes erreurs, les acteurs de la préservation de l'environnement en tirent aujourd'hui les leçons et mènent des études approfondies avant d'agir.

Petit geste éco

La pollution engendrée autour de toi (par ta famille, tes amis…) et même la tienne peuvent avoir des conséquences ailleurs ! Renseigne-toi, apprends, discutes-en et agis pour réduire au maximum le risque d'effet papillon.

Pachamama

Les Incas vénéraient la Terre-Mère Pachamama, la mère de toute vie. Aujourd'hui, hormis dans de rares tribus qui luttent pour conserver leur mode de vie en osmose avec la nature, l'humanité a perdu son lien à la Terre-Mère… mais il est possible de le restaurer.

Au Pérou, Pachamama était la divinité de la Terre et de la fertilité.

Petit geste éco

Tu veux agir pour la biodiversité ? Privilégie les aliments biologiques locaux et les variétés anciennes de légumes, fruits, graminées. C'est le meilleur ressort pour inciter le système à changer ! Ceux qui produisent notre nourriture veulent continuer à vendre : changeons massivement nos habitudes, ils changeront les leurs. En 2017, pour la première fois, ont été vendus dans les supermarchés français plus d'œufs issus d'élevages alternatifs (en bio, en plein air ou au sol) que d'œufs de poules de batterie (enfermées dans de minuscules cages). C'est déjà une victoire !

20 %

L'écotourisme, basé sur la découverte de la nature, représente 20 % des recettes de l'industrie touristique mondiale.

L'essence de la Terre

La civilisation, avec ses routes goudronnées et ses villes de béton où l'eau arrive toute propre au robinet, où la nourriture est empaquetée, où le rythme est déterminé par l'école et le travail, a fait oublier à l'être humain qu'il vient, lui aussi, de la nature ! C'est pourtant cette nature oubliée qui continue, loin des villes, à alimenter nos besoins vitaux.

Renouer le lien

Si les humains prenaient davantage conscience des précieux cadeaux que la nature leur fait quotidiennement, du long et minutieux travail de milliards d'êtres vivants, peut-être changeraient-ils leurs pratiques, s'orientant vers un mode de vie plus simple, empreint de respect pour la Terre-Mère... et certainement plus sain.

maisons écologiques à basse consommation d'énergie à Torup, écovillage du Danemark

Des services gratuits

Les écologues appellent « services écosystémiques » ce que nous apporte gracieusement la nature. Ils sont de 3 ordres :

• Les services d'approvisionnement

C'est tout ce que les humains extraient directement des écosystèmes : produits alimentaires, eau, toutes les matières premières qui les habillent, les soignent, leur servent à fabriquer des objets... Les ressources génétiques des écosystèmes sont aussi utilisées pour créer, par croisements, des variétés de plantes et des races animales.

• Les services culturels

Par sa simple présence, sa beauté, son extraordinaire diversité et sa mystérieuse complexité, la nature est une source d'inspiration infinie pour les arts, la philosophie, les sciences, la spiritualité, les religions et la pédagogie. Elle est aussi un lieu privilégié de loisirs, de détente et de bien-être.

• Les services de régulation

Grâce à eux, les humains respirent un air de qualité. La nature, par son équilibre bien rodé, s'occupe aussi de réguler l'arrivée d'eau et filtrer celle-ci, de polliniser les fleurs et disperser les graines, de régénérer les éléments nutritifs et fertiliser les sols, de réguler le climat et les maladies, de modérer les événements catastrophiques tels que les inondations, ainsi que l'érosion des sols, grâce à la végétation qui les stabilise...

Fabrique des bombes de graines !

Lance une attaque jardinière dans ta ville en jetant des bombes de graines là où la terre manque de vie !

- **Graines non stériles (fleurs, légumes, graminées, à choisir en fonction de la saison)**
- **Argile en poudre**
- **Terreau ou compost**
- **Bol**
- **Cuillère à soupe**
- **Cuillère à café**
- **Eau**

Pour chaque bombe de graines :

1. Mélange 1 cuillère à soupe d'argile, 1 cuillère à café de terreau ou de compost et 2 à 10 graines, en fonction de leur taille.

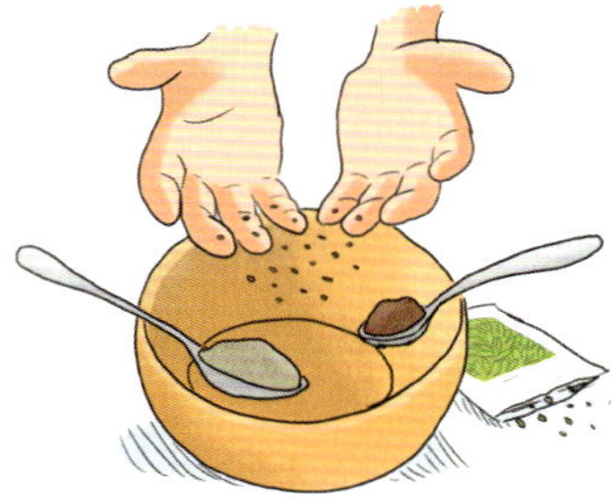

2. Ajoute un peu d'eau pour former une boule de la consistance d'une pâte à modeler.

Ta bombe est prête à donner la vie !

La protection de la nature

Une foule de mesures sont possibles pour protéger la nature, et elles fonctionnent ! Une prise de conscience mondiale est en cours et, de toutes parts, les ONG (organisations non gouvernementales) environnementales et les actions de protection fleurissent.

Espaces préservés

Il est essentiel de protéger de l'activité humaine certains habitats, notamment ceux riches en biodiversité. Dans ce but ont été créés des parcs naturels et les sites Natura 2000. Certaines espèces font aussi l'objet d'une protection ciblée, soit parce qu'elles sont rares ou menacées, soit parce que l'équilibre de tout un écosystème dépend d'elles.

Braquer les projecteurs sur un animal emblématique, comme le panda, permet de protéger du même coup tout l'écosystème dans lequel il vit.

Il existe différents programmes de protection des tortues marines. Ici, le scientifique Julian Walcott, expert en biologie de la conservation, vérifie le marquage d'une tortue à écailles.

De nouveaux champs d'étude

De nouvelles disciplines scientifiques sont nées de la prise de conscience des dégâts écologiques : la biologie de la conservation travaille sur la protection de la biodiversité ; l'écologie de la réconciliation vise à favoriser la biodiversité dans des espaces modifiés par l'homme ; l'écologie des paysages sonores étudie la relation entre les organismes vivants et leur environnement sonore... Le précieux travail des spécialistes de ces questions pousse à mettre en place des actions de manière réfléchie, afin d'assurer leur efficacité à long terme et en évitant les écueils du passé.

40

Contrairement à la culture classique du café en champ, l'exploitation du café d'ombre cultivé sous des grands arbres favorise la biodiversité : jusqu'à 40 espèces d'arbres peuvent apporter leur ombre à une même exploitation.

La loi du plus riche

Le plus grand défi reste de permettre, dans un même lieu, la présence à la fois des activités humaines et d'une biodiversité respectée. Les idées ne manquent pas, encore faut-il parvenir à les faire accepter et financer lorsqu'elles vont à l'encontre de certains intérêts : face aux gigantesques enjeux économiques d'un aéroport, d'un barrage, d'un forage pétrolier… la préservation de la biodiversité ne fait souvent pas le poids.

Un important mouvement de contestation s'est organisé à Notre-Dame-des-Landes (France) contre la construction d'un aéroport. Il s'est arrêté avec l'abandon du projet, en 2018. Au-delà de l'implantation nuisible de l'aéroport, c'est le fonctionnement de notre société que ces manifestants remettaient en cause.

Impliquer les populations

Certaines mesures sont difficiles à faire accepter à la population, car elles nécessitent de changer les habitudes. Par exemple, éteindre l'éclairage des rues à partir d'une certaine heure afin de préserver les territoires nocturnes peut provoquer un sentiment d'insécurité. Il est donc essentiel d'impliquer les populations locales dans les projets de protection de l'environnement.

Petit geste éco

Inspire-toi des ruelles vertes et, toi aussi, mets de la nature dans ta ville !

Supprimer les pesticides dans les cimetières pour laisser la biodiversité se développer peut être considéré par certains comme un manque de respect envers les défunts qui y reposent.

Ruelles vertes

La ville de Montréal, au Canada, s'est dotée de 350 ruelles vertes depuis le XIXe siècle. Anciennement voies de garage, chacune de ces ruelles est le fruit du travail des habitants, en association avec la commune. Certaines zones de béton sont supprimées, on y ajoute plantes, hôtels à insectes, nichoirs à oiseaux… et la biodiversité vient recoloniser la ville. Ces zones de verdure améliorent entre autres la qualité de l'air, tout en offrant aux habitants des espaces de bien-être.

Protéger et reconstituer les écosystèmes forestiers, en favorisant la diversité végétale et animale, est une des clés de la préservation des ressources.

PRÉSERVER LES RESSOURCES

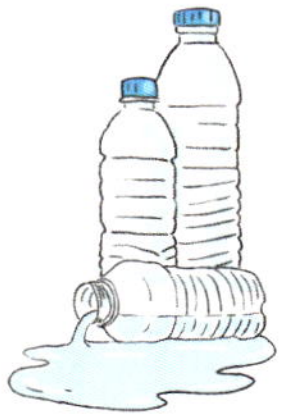

Au cours des millénaires, l'homme a appris à exploiter les ressources naturelles pour sa survie et pour le développement de technologies toujours plus sophistiquées. Nos sociétés sont aujourd'hui dépendantes d'éléments rares, coûteux et polluants à extraire. Le défi est de parvenir à concilier nos besoins et la préservation durable des ressources.

L'eau, ressource vitale

La « planète bleue » porte bien son nom : l'eau y est abondante et se renouvelle dans un cycle infini. Toutefois, la part que nous pouvons consommer est infime, et seulement 30 % de la population mondiale a accès à l'eau potable à domicile.

La Terre est pleine d'eau, mais nous ne pouvons en consommer que 0,028 %, le reste étant salé, glacé ou souterrain.

Diminuer l'empreinte de l'eau

On appelle « empreinte de l'eau » ce qui correspond à notre consommation indirecte d'eau. Il est possible de la réduire en achetant des produits dont la fabrication en demande moins (des légumineuses plutôt que de la viande d'élevage intensif, par exemple), mais aussi en choisissant de consommer moins et mieux : a-t-on vraiment besoin de posséder 20 T-shirts ?

Accros à l'eau

De nos jours, rares sont les activités qui ne demandent pas d'eau, l'agriculture étant la plus consommatrice, avec l'irrigation de cultures toujours plus étendues et intensives. Certaines cultures, moins gourmandes que d'autres, sont à privilégier, tout comme les modes d'agriculture alternatifs, telle la permaculture, et les systèmes d'irrigation qui économisent de l'eau.

Les cultures de lin (ci-dessous) et de chanvre nécessitent beaucoup moins d'eau que celle du coton, et ont l'avantage d'être courantes en France. Et si on préférait ces fibres-là pour nos habits ?

Chasse aux fuites !

La fuite d'une chasse d'eau peut faire perdre 220 000 l d'eau par an. Cette eau est arrivée grâce à de gigantesques installations de traitement, de pompage, de stockage et de transport, qui ont nécessité de grosses quantités d'énergie et de produits chimiques ! Alors, évitons de gaspiller l'eau, en faisant une quadruple économie : d'eau, d'énergie, de polluants et d'argent. Et si l'on généralisait les toilettes sèches, qui ont en plus le mérite de générer du compost ?

Qu'est-ce qui consomme le plus à la maison ?

L'eau sert à tout dans la maison. As-tu déjà mesuré à quel point ?

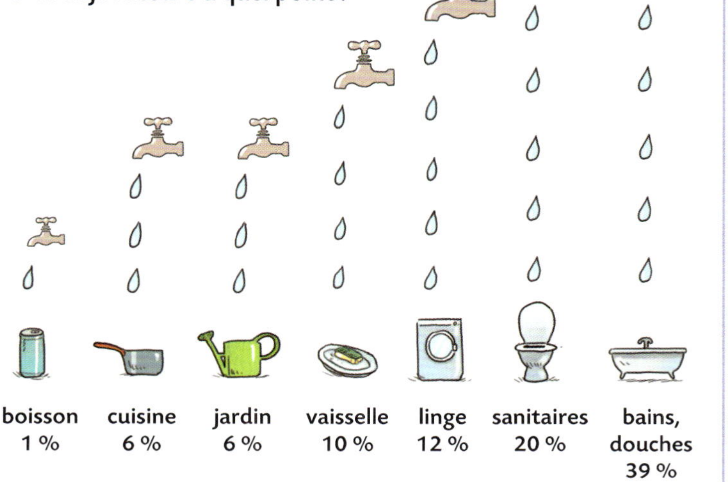

8 000 l

C'est la quantité d'eau nécessaire à la production d'un jean. En 2015, un Français consommait chaque jour 146 l d'eau directement... et des milliers indirectement par ses achats.

Petit geste éco

Et si, au lieu de laisser couler l'eau de la douche jusqu'à ce qu'elle devienne chaude, tu la stockais dans un arrosoir pour arroser les plantes ou pour remplir la chasse d'eau ?

Déchlore l'eau du robinet

On ajoute du chlore à l'eau du robinet pour la désinfecter. Cela donne parfois un petit goût qui amène certains à préférer l'eau en bouteille... bouteille dont la fabrication nécessite une quantité d'eau plus grande que celle qu'elle peut contenir. Pourtant, rien de plus facile que d'éliminer le chlore !

- **2 carafes**
- **Eau du robinet**

1. Remplis d'eau les 2 carafes.

2. Laisse-les à la lumière, ouvertes.

3. Après quelques heures, le chlore s'est évaporé. Alterne les carafes pour avoir toujours à boire.

À exploiter avec modération !

L'homme utilise de nombreuses ressources de la faune et de la flore, notamment pour l'alimentation. Mais il est crucial d'éviter la surexploitation, qui nuit à la planète.

Des océans surexploités

Les animaux marins sont en danger. Parmi eux, les baleines, dont la chasse est interdite dans certains pays… mais pas dans d'autres. Après 30 ans de suspension, le Japon a officiellement rouvert cette chasse le 1er juillet 2019. Il ne l'avait en réalité jamais arrêtée.

Petit geste éco

Tu veux agir pour préserver les ressources ? Informe-toi sur les produits que tu consommes, puis boycotte ceux qui te semblent mauvais en leur préférant des produits locaux aux procédés de fabrication durables.

Boycott

Boycotter, c'est choisir de montrer son désaccord par l'arrêt d'une action, le refus d'acheter un produit ou d'aller voir un film, de passer un examen… La surexploitation d'une ressource est un excellent motif de boycott.

Un vaste choix

Nous savons puiser dans les végétaux et les animaux des molécules aux propriétés exceptionnelles. C'est ce que nous faisons par exemple pour fabriquer des médicaments anticancéreux, comme le Taxol (issu de l'écorce de l'if), des antibiotiques, comme la pénicilline synthétisée à partir d'un champignon…

La pisciculture a ses inconvénients, mais elle peut contribuer à éviter la surpêche.

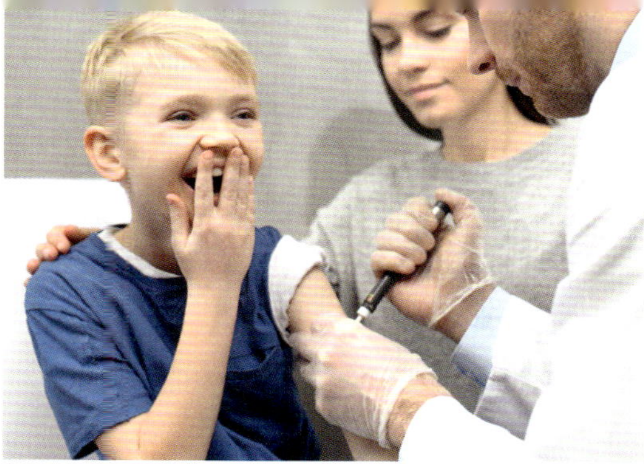

L'insuline, utilisée pour soigner les diabétiques, était auparavant extraite de pancréas de vache ou de porc. Elle est aujourd'hui synthétisée par génie génétique.

Produire plutôt qu'exploiter ?

Pour ne plus subir les aléas de la nature et obtenir des quantités toujours plus importantes, beaucoup de ressources sont aujourd'hui cultivées ou synthétisées par la chimie. Cependant, les industries chimiques utilisent énergie et eau à foison, et sont extrêmement polluantes. Quant aux cultures et élevages intensifs, ils appauvrissent et polluent les écosystèmes.

Ramasse des trompettes-des-morts !

Découvre le plaisir de trouver sa nourriture dans la nature… tout en la respectant : ne prends que ce qu'il te faut, pas plus ! Aussi appelées « craterelles cornes d'abondance », les trompettes-des-morts sont de succulents champignons que tu trouveras en automne… et qu'on ne peut confondre qu'avec un autre champignon comestible, la chanterelle cendrée.

- **Panier ou sac en tissu**
- **Guide d'identification des champignons**
- **Couteau (facultatif)**

1. Avec tes parents, repère les forêts de feuillus où tu peux trouver des trompettes.

2. Sur place, cherche sur le sol les zones les plus humides, avec de la mousse par exemple. Veille à ne pas marcher sur des zones de champignons : cela empêche leur reproduction l'année suivante.

3. Les trompettes poussent par paquets. Elles ont la forme d'un cône lisse très fin de 2 à 9 cm, finissant par un chapeau en entonnoir, lui-même terminé par une collerette.

La couleur des trompettes varie de l'ocre presque blanc au marron très foncé. Ramasse surtout les plus foncées, les plus goûteuses ! En cuisine, elles prennent toute leur saveur lorsqu'elles sont cuites avec un corps gras. Pour en manger toute l'année, tu peux aussi les faire sécher en les étalant à plat ou en les enfilant sur un fil.

Freiner l'exploitation du sable

Chaque année sont extraites d'immenses quantités de granulats (sable et gravier) des rivières et des océans pour les constructions, toujours plus grandes et nombreuses. Le sable est épuisable, et son exploitation provoque l'effondrement de tout un équilibre… à sauvegarder impérativement !

30 000 t

C'est la quantité de sable requise pour construire 1 km de route. Après l'eau, le sable est la deuxième ressource la plus utilisée sur Terre.

Qu'est-ce que le sable ?

Le sable est principalement issu de la lente érosion des roches de montagne durant leur transport jusqu'à la mer par les rivières. Il peut contenir jusqu'à 180 minéraux différents. On l'utilise pour fabriquer des additifs alimentaires, de la colle, de la peinture, du caoutchouc, des polymères, du plastique, du verre... et surtout pour la fabrication de béton et le remblayage (pour combler des trous ou surélever des surfaces en construction).

Tout ce qui accompagne le sable est pompé avec lui. Ainsi sont détruits des habitats et des organismes à la base de la chaîne alimentaire.

Minéraux et construction

D'autres minéraux sont utilisés dans de nombreux domaines, tels que la fabrication de la céramique, la cosmétique, l'électronique... et la construction : chaux (calcaire), briques et tuiles (argile), ciment (calcaire et argile), ardoises, marbre... Ces minéraux proviennent de roches massives brisées à la dynamite, puis concassées jusqu'à obtenir la taille voulue, ou sont prélevés tels quels dans des carrières, au fond des rivières ou des mers.

Petit geste éco

Une personne de ton entourage veut construire une maison ? Parle-lui des alternatives au béton, comme le bois, la paille, la terre ou le chanvre.

La première des 3 presqu'îles artificielles en forme de palmier de Dubaï (aux Émirats arabes unis) a nécessité près de 150 millions de tonnes de sable, pompé au large de la ville.

Folie des grandeurs

On pourrait économiser le sable en arrêtant de l'utiliser en quantité astronomique pour des projets comme les polders de Singapour et de Hollande, ou comme la construction de logements inhabités : la Chine en comptait 65 millions en 2010, tout en ayant utilisé cette année-là $^1/_4$ du sable extrait sur Terre. Même problème au Qatar, où des gratte-ciels inutilisés et des îles artificielles aux formes étonnantes engloutissent des tonnes de sable marin, celui du désert étant trop lisse pour que le béton tienne.

Le problème des carrières

Pour installer une carrière, on « décape » la zone en supprimant tout son écosystème. L'extraction et le traitement de minéraux, très mécanisés, ont une empreinte carbone élevée. L'extraction de granulats dérègle l'équilibre des rivières et des océans, provoquant l'écroulement de berges, l'érosion des côtes, la perturbation des courants marins, des inondations...

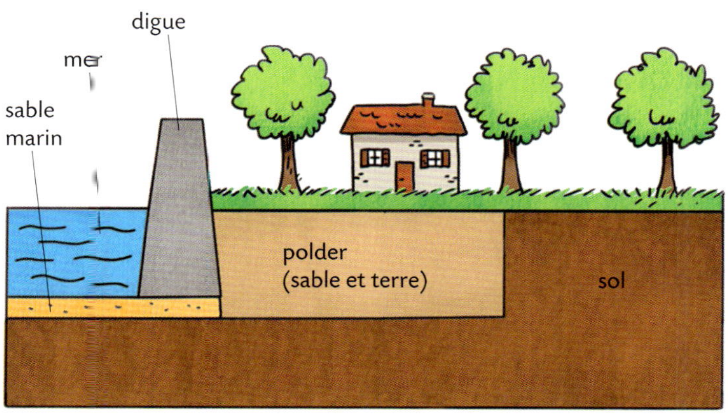

Construire un polder consiste à créer une avancée sur la mer pour gagner des terres.

Les métaux, un enjeu mondial

Smartphones, écrans LCD et tactiles, fibre optique, wifi… toutes les nouvelles technologies doivent leur existence à des métaux rares aux propriétés extraordinaires. La course aux équipements, toujours plus perfectionnés, fait de ces gisements de nouvelles ressources à piller.

Une fois fondu, l'indium se retrouve en fine couche dans les écrans LCD, car ce métal est capable de conduire l'électricité tout en étant transparent.

Une économie mondiale

La production de métaux rares est contrôlée par quelques pays, à commencer par la Chine. 14 de ces métaux rares sont indispensables à l'Europe et actuellement non remplaçables. Ne produisant pas ces métaux, les Européens sont dépendants des pays producteurs, et doivent donc faire en sorte… de bien s'entendre avec eux.

Des métaux dans la poche

Les téléphones fixes des années 1950 contenaient une douzaine de métaux… quand les smartphones d'aujourd'hui en comptent une soixantaine ! Mélangés en quantités infimes dans nos outils électroniques de plus en plus petits, ces métaux ne sont pas recyclés.

50 t

Il faut purifier 50 t de roche pour produire 1 kg de gallium, métal très utilisé pour l'imagerie médicale (radiographies, IRM…).

L'ironie du renouvelable

Les énergies renouvelables promettent un avenir plus respectueux de l'environnement. Toutefois, certaines utilisent des métaux rares, qu'on ne recycle pas parce que c'est trop complexe ou trop cher !

Quelques métaux contenus dans les gadgets électroniques : argent, or, zinc, cuivre, sélénium, indium, aluminium…

Le Río Tinto (littéralement « rivière teintée »), en Espagne. La teinte rougeâtre de ce fleuve est due à sa forte acidité, conséquence des rejets miniers de la région.

Chercher des alternatives

Les pollutions massives, toxiques et non dégradables des mines atteignent profondément et durablement sols, eaux et air. Plus les gisements sont profonds, plus leur extraction est énergivore, polluante et chère. Les meilleurs gisements étant aujourd'hui épuisés, il est probable que les coûts d'exploitation de plus en plus élevés inciteront à trouver rapidement des alternatives.

Petit geste éco

Choisis des objets solides afin qu'ils soient (ré)utilisables longtemps, facilement réparables et recyclables. Quant aux piles, batteries et autres objets électroniques, tu trouveras leurs boîtes de recyclage à l'entrée de certains magasins ou en déchetterie.

Dessine avec du métal

Les mines de crayon sont du graphite, un métal, mélangé à de l'argile. Les proportions du mélange expliquent leur variété : HB, 2B, 3B, H, 2H, 3H... Compare-les pour comprendre ce qui les différencie !

- **Crayons à papier de type 6B, HB, 2H et 6H**
- **Feuille blanche**

Trace quelques traits avec chacun des crayons.

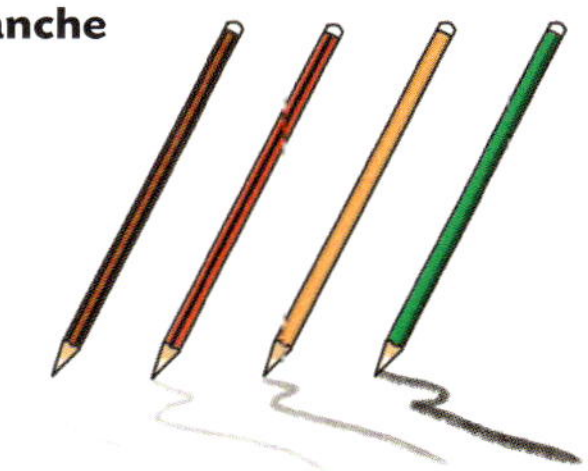

Que remarques-tu ?
Le graphite apporte le côté tendre et le noir, l'argile apporte la dureté. Lorsqu'il y a plus de graphite que d'argile (crayons de type B), le crayon est gras. Plus le chiffre avant le B est grand, plus le crayon est gras. Grâce à ces crayons, tu peux faire des traits d'un noir intense et des ombres.

Les crayons de type H contiennent plus d'argile, et sont moins pigmentés. Plus le chiffre augmente, plus le tracé est sec et dur. Avec ces crayons, tu fais des traits gris, plus fins et plus précis.

Faire sans pétrole

Parce que ce sont d'incomparables sources d'énergie, nos sociétés se sont entièrement construites autour des ressources fossiles. Pourtant, elles ne sont pas illimitées… Alors il faut s'adapter.

Une lente formation

Le pétrole, le gaz naturel (méthane) et le charbon sont les 3 grandes ressources fossiles que nous utilisons. Elles se sont formées au fil de centaines de millions d'années, par la décomposition sans oxygène, à haute température et sous pression, d'organismes enfouis sous l'eau puis recouverts de sédiments. Le pétrole et le méthane sont composés uniquement de carbone et d'hydrogène : ce sont des hydrocarbures.

Formé du latin *petra*, « roche », et *oleum*, « huile », le mot *pétrole* signifie « huile de pierre ». Sous sa forme pure, cet hydrocarbure ressemble à un liquide noir épais.

Un monde de pétrole

Le raffinement du pétrole produit notamment l'essence et le gazole (carburants automobiles), le kérosène (carburant des avions) et le fioul – ou mazout –, combustible pour le chauffage. Le propane et le butane, combinés sous forme de GPL (gaz de pétrole liquéfié), sont utilisés pour le chauffage, la cuisson et comme carburant. Enfin, certains composés sont à la base de la chimie du pétrole, la pétrochimie.

Un avenir sans pétrole ?

Les réserves de combustibles fossiles sont cependant épuisables, et leur combustion entraîne pollutions et émissions de gaz à effet de serre (GES). Il est urgent de cesser l'utilisation de ces ressources et de trouver de nouvelles idées pour vivre et se déplacer plus sobrement. Des alternatives moins polluantes apparaissent depuis quelques années, comme l'électrique, le biogaz ou le biocarburant, et pourraient permettre, à long terme, de vivre sans pétrole (*voir* p. 169).

L'une des meilleures alternatives au pétrole est le biogaz, principalement obtenu à partir… du fumier d'élevage !

La pétrochimie

À partir du pétrole et du méthane, la pétrochimie fabrique une immense variété de produits : plastiques, engrais, pesticides, textiles, médicaments, cosmétiques, détergents, solvants, colorants alimentaires… Elle représente à elle seule 14 % de la consommation mondiale de pétrole, soit 13 millions de barils de 159 l par jour !

sans pétrole, pas de plastique

Petit geste éco

Tu veux utiliser moins de pétrole ? Évite tout ce qui est en plastique : objets, emballages, textiles synthétiques (nylon, polyester).

La richesse des forêts

Les forêts sont des trésors qu'il faut à tout prix préserver, au nom de la biodiversité qu'elles abritent, mais aussi au nom des rôles cruciaux qu'elles jouent dans l'équilibre de notre planète.

La forêt amazonienne (Amérique du Sud) est surnommée « le poumon de la planète ».

Merci les forêts !

Une forêt est comme un être vivant : toutes ses parties jouent un rôle important et sont liées entre elles.

La transpiration des plantes **rafraîchit et humidifie l'air ambiant**. Dans les forêts tropicales et subtropicales, cette évapotranspiration nourrit les nuages de la région, qui fournissent ensuite la pluie.

Un cycle lent

Le cycle de vie naturel d'une forêt est de 300 à 350 ans. Les jeunes plants d'arbres naissent, grandissent, vieillissent puis meurent sur pied en donnant ce que l'on appelle des chandelles. Lorsque celles-ci s'effondrent, elles nourrissent une faune et une flore abondantes jusqu'à redevenir sol. Dans le trou créé par la chute, où la terre est enrichie, de jeunes plants croissent : le cycle recommence. Dans une forêt exploitée, les arbres sont coupés alors qu'ils n'ont qu'entre 60 et 120 ans. Sans bois mort et avec une biodiversité pauvre, la forêt n'a plus les mêmes rôles.

Au-delà du bois

Souvent considérées comme de simples réserves de bois, les forêts font partie des écosystèmes les plus riches, d'autant plus si elles ne sont pas exploitées. Elles abritent ainsi plus de 75 % de la biodiversité terrestre.

L'initiative « Plant for the planet », que Felix Finkbeiner a fondée alors qu'il avait 9 ans, a prouvé qu'à tout âge, il est possible d'agir. Et si, toi aussi, tu créais un projet pour préserver les forêts ?

Petit geste éco

Les labels FSC ou PEFC indiquent que le bois vient de forêts gérées durablement. Assure-toi de la provenance durable des produits issus du bois que tu utilises, comme les crayons, le papier toilette...

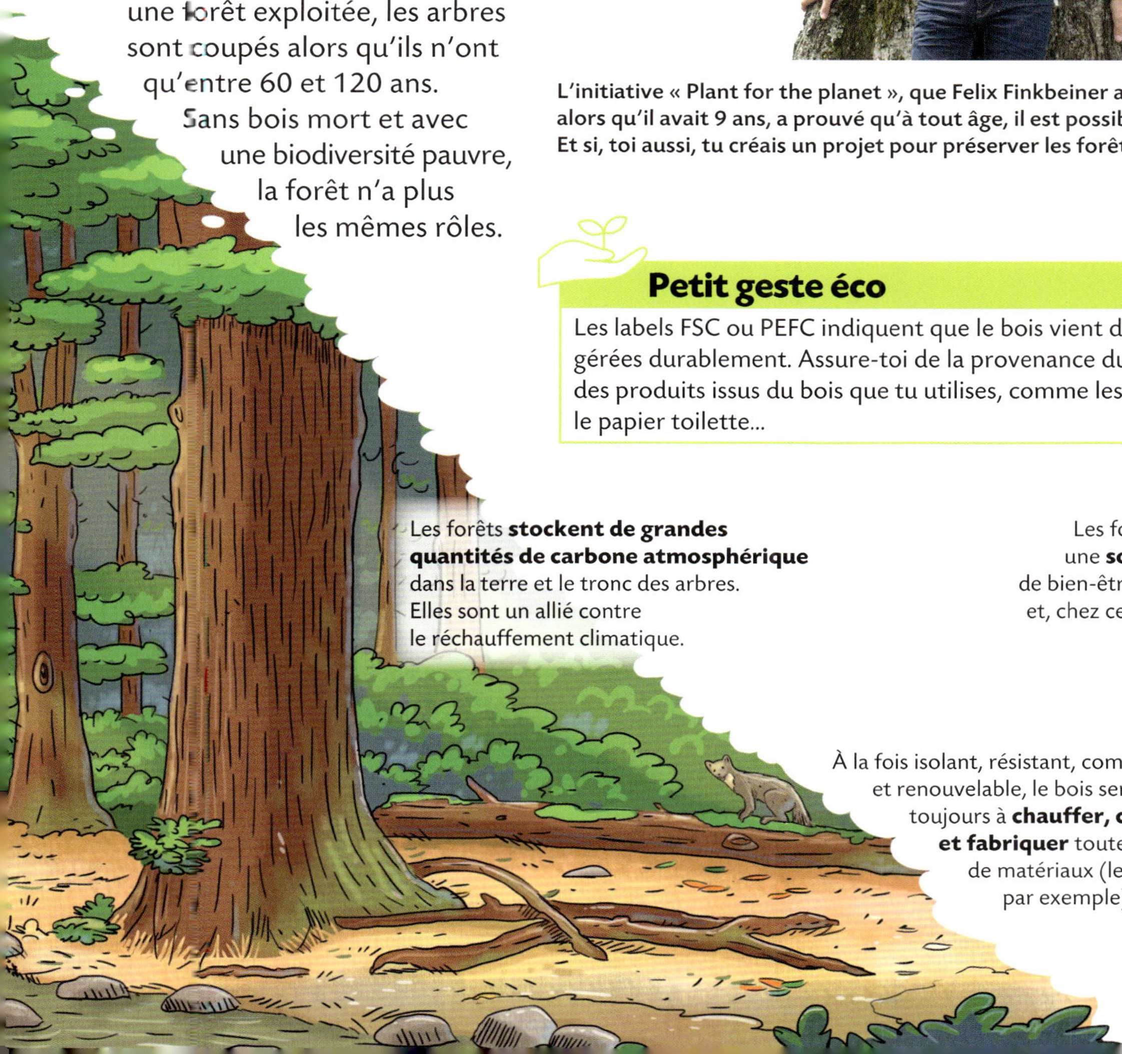

Les forêts **stockent de grandes quantités de carbone atmosphérique** dans la terre et le tronc des arbres. Elles sont un allié contre le réchauffement climatique.

Les forêts sont aussi une **source de paix**, de bien-être, de créativité et, chez certains peuples, de spiritualité.

À la fois isolant, résistant, combustible et renouvelable, le bois sert depuis toujours à **chauffer, construire et fabriquer** toute sortes de matériaux (le papier, par exemple) et d'objets.

De la vie sous tes pieds

Écosystèmes complexes aux caractéristiques extrêmement variées, les sols qui se portent bien sont pleins de vie. De leur santé dépend notre alimentation.

De la vie…

Un seul gramme de sol en bonne santé contient notamment 1 million d'espèces de bactéries et jusqu'à 100 000 espèces de champignons ! Ce vaste réseau alimentaire de décomposeurs digère la matière organique et en extrait des minéraux. Retenus par l'humus et l'argile du sol, ces minéraux se diffusent progressivement dans l'eau du sol.

Matière organique

C'est tout ce qui vient des êtres vivants, aussi bien ce qu'ils produisent (excréments) que les débris d'organismes (peaux mortes, par exemple). Elle est riche en eau et en carbone.

Le rôle des **vers de terre** est primordial : ils mélangent la litière au sol et aèrent le tout en creusant des galeries. Mais ils ne sont pas les seuls à vivre sous nos pieds : escargots, mille-pattes, larves d'insectes, champignons, carabes, collemboles, bactéries, acariens… Tous ont un rôle à jouer dans le précieux écosystème du sol.

La **végétation** est d'autant plus luxuriante que son sol est riche en humus et en minéraux. Premier rempart face aux conditions climatiques, elle protège le sol.

La **litière** est constituée de restes d'organismes morts : feuilles, branches…

Le **sol**, mélange de débris rocheux et de matière organique en décomposition avancée (l'humus), se dépose en couches au fil du temps. Son épaisseur varie de quelques centimètres à plusieurs dizaines de mètres.

… naît la vie !

L'eau contenue dans le sol est ensuite absorbée par les racines des végétaux. Parmi ses minéraux, le phosphore et l'azote sont indispensables à la croissance végétale. Enfin, des symbioses entre champignons, bactéries et racines de végétaux assurent la croissance des uns et des autres. Un sol en bonne santé, c'est un sol qui nourrit mieux les plantes… et donc nous nourrit mieux aussi !

Petit geste éco

Les sols sont souvent plus chouchoutés par des fermes qui cultivent à petite échelle et vendent seulement en local, sur les marchés ou en magasins spécialisés (c'est le « circuit court »). Encourage tes parents à y faire leurs courses !

Fais ton propre compost !

Rien de tel, pour nourrir un sol, que de lui apporter une matière organique riche. Pour cela, le compost est champion ! Teste la manière la plus simple d'en faire : le tas.

- **Coin de jardin**
- **Fourche ou pelle**
- **Déchets végétaux**

1. Choisis bien où situer ton compost : un endroit un peu caché, à la mi-ombre et à l'abri du vent.

2. Dépose tes déchets végétaux en tas sur l'emplacement choisi, à même la terre pour faciliter la colonisation par les insectes. Alterne entre couches humides (fruits, légumes, restes de repas, gazon tondu…) et sèches (brindilles, feuilles mortes, papier…). Tu peux même mettre les coquilles d'œufs broyées !

3. Brasse avec la fourche pour aérer (au début de temps en temps, puis tous les 1 à 2 mois). S'il y a des mauvaises odeurs, c'est que le compost n'est pas assez aéré. Le tas ne semble jamais grossir ? C'est réussi : tout un réseau de décomposeurs l'a colonisé et consomme son contenu !

4. Le compost met plusieurs mois à se constituer. Lorsqu'il est prêt, il ressemble à de la terre sombre. Tu peux alors le mélanger à de la terre pour planter des légumes. Tu verras comme ils pousseront bien !

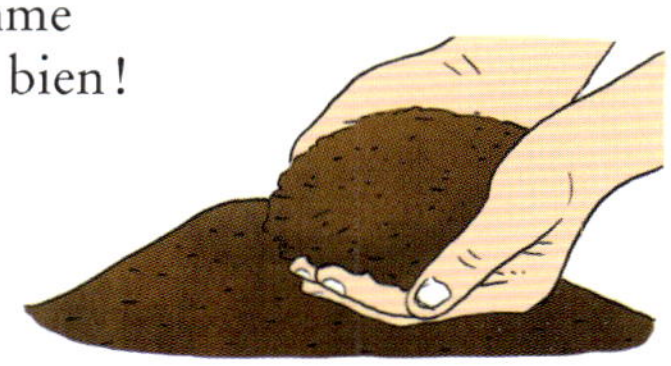

Si tu vis en appartement, tu peux proposer à tes voisins de créer un compost commun ou fabriquer ton propre composteur d'appartement, tel le lombricomposteur.

Au Sahel, l'initiative « 1 million de citernes » installe des récolteurs d'eau de pluie (semblables à celui-ci, au Brésil) pour donner accès à l'eau potable et irriguer de petites parcelles de culture. En 2015, 11 % de la population mondiale n'avait pas accès à l'eau potable, contre 19 % en 2000. Pas à pas, l'accès à l'eau potable s'améliore !

L'accès aux ressources

D'une région à l'autre, les ressources et la manière dont elles sont exploitées varient. Pour aller vers plus d'égalité d'accès aux ressources, les solutions doivent s'adapter à chaque situation.

Ressources vitales

Parce qu'elles sont vitales, l'eau et la nourriture (donc les sols) sont les ressources les plus cruciales à préserver. En 2019, pour la 3e année consécutive, la faim a augmenté dans le monde. Dans certains pays d'Afrique, comme le Tchad ou la Zambie, plus du tiers de la population est sous-alimentée.

Une question d'Histoire

Les Inuits, au cœur du froid arctique, les Touaregs, dans l'aridité du Sahara, ou les Amérindiens, face aux nombreux prédateurs ; tous ont su vivre avec les particularités de leurs territoires. L'Histoire, avec ses colonisations, ses migrations, et le développement du commerce jusqu'à la mondialisation, a bousculé les équilibres locaux et privé certains peuples d'un accès équitable aux ressources.

La population inuite, répartie au Groenland (Danemark), au Canada et en Alaska (États-Unis), ne dépasse pas les 150 000 personnes au total.

Respecter tous les peuples

Aujourd'hui, c'est aux États de prendre en compte ces peuples, sans les marginaliser. L'Australie, le Canada ou les États-Unis, par exemple, doivent considérer les indigènes comme des citoyens à part entière. Dans les pays où guerres et sécheresses font rage, même si les actions humanitaires apportent un soutien important, une intervention politique est indispensable.

À ton niveau, tu peux donner de la nourriture ou des vêtements à des personnes qui en manquent, soit directement, soit en passant par des associations et des ONG.

Petit geste éco

Arrose tes plantes aux moments frais de la journée, le matin ou le soir : cela évitera que l'eau s'évapore à cause de la chaleur et soit ainsi gaspillée.

Ressources locales

Jusqu'au siècle dernier, il était courant pour les pays les plus aisés, telle la France, de venir s'établir sur des terres qui n'étaient pas les leurs, afin d'en exploiter les ressources. C'est la colonisation. Encore aujourd'hui, ses conséquences, souvent désastreuses, expliquent l'absence d'accès de certains pays à leurs propres ressources, en particulier dans l'hémisphère Sud. Si chaque État pouvait se réapproprier ses ressources locales, ce serait alors un grand pas vers plus d'égalité.

1/3

C'est la proportion d'aliments produits dans le monde qui sont gaspillés, alors que plus de 820 millions d'individus souffrent de la faim.

Mondialisation

C'est la généralisation à l'échelle mondiale des échanges de marchandises, d'argent, de services ou encore des mouvements de personnes.

L'Unicef vient en aide aux enfants à travers le monde, leur procurant vivres, soins, vêtements. De nombreuses ONG agissent également au niveau mondial : Action contre la faim, Amnesty International, Médecins sans frontières...

Une exploitation raisonnée

Certaines ressources peuvent se renouveler si on leur en laisse le temps, d'autres pas forcément. Afin d'éviter leur épuisement, il est urgent d'exploiter les ressources avec raison et de trouver des alternatives aux plus menacées.

Le barrage de Kokaral a permis le retour des poissons dans une partie de l'ancienne mer d'Aral... et des pêcheurs aussi !

Apprendre des erreurs du passé

La mer d'Aral, en Asie, est tristement célèbre pour avoir subi l'une des plus grandes catastrophes écologiques du XXe siècle. Progressivement asséché à partir de 1960, ce lac d'eau salée a perdu 90 % de son volume à cause de la culture intensive du coton, tuant toute forme de vie aquatique. Grâce à la construction du barrage de Kokaral en 2005, une petite partie de cette mer a aujourd'hui repris vie. Il faut tout faire pour qu'un tel drame ne se reproduise pas.

Petit geste éco

Moins consommer, c'est utiliser moins de ressources. Réfléchis avant d'acheter quelque chose : est-ce une simple envie ou un véritable besoin ? Pourrais-tu le trouver d'occasion ?

Exploiter intelligemment

Les sols se meurent, les océans se vident, les forêts et les zones humides disparaissent, les terres s'assèchent... On pourrait minimiser ces pertes en procédant autrement, et avec l'implication de tous. Les exemples de réussite ne manquent pas !

La décroissance, une solution ?

Les partisans de la « décroissance » proposent de lutter contre l'épuisement des ressources par un arrêt de la société de consommation. Pour cela, ils suggèrent :

- **d'adopter un mode de vie plus simple (*voir* p. 162-163), où l'on répare et recycle au maximum ;**
- **de favoriser l'économie locale, pour réduire les transports de marchandises, donc l'empreinte écologique ;**
- **d'utiliser des énergies renouvelables ;**
- **d'instaurer un revenu social sans condition.**

Au village d'Abreha We Atsbeha, en Éthiopie, de nouvelles techniques d'agriculture, plus respectueuses des sols, ont rendu la terre, auparavant infertile et sèche, abondante de végétation et de nourriture.

Comme bien des espèces, le thon rouge est en danger. Des associations, telles que Bloom, France pêche durable et responsable, et des ONG, comme WWF, œuvrent pour une exploitation intelligente des mers.

Le « jour du dépassement »

Chaque année, à partir du « jour du dépassement », nous consommons plus de ressources que la Terre ne peut en régénérer en 1 an. En 2020, avec le ralentissement de l'économie mondiale dû à la pandémie de Covid-19, ce jour a été retardé par rapport à 2019, passant du 29 juillet... au 22 août ! C'est bien la preuve qu'avec de fortes actions globales nous pouvons agir !

Plante un arbre !

Un arbre est l'allié idéal dans le jardin. Choisis ton arbre et plante-le !

- **Plant d'arbre (acheté au marché, ou un noyau de pêche, une châtaigne ou un gland, par exemple, que tu auras préalablement fait pousser en pot)**
- **Seau ou autre récipient**
- **Compost**
- **Pelle ou petite bêche**
- **Eau**
- **Arrosoir**
- **Tuteur (ou long bâton)**
- **Ficelle, paille**

1. Trouve un lieu qui correspond aux besoins de l'espèce choisie. La période de plantation dépend de ton choix : septembre pour les arbres à feuilles persistantes et ceux résistant au gel, octobre-novembre pour ceux à feuilles caduques (qui tombent).

2. Place le plant avec son pot dans le récipient rempli d'eau jusqu'à ce qu'il n'y ait plus de bulles remontant à la surface.

3. Creuse un trou 2 fois plus large et profond que le pot de ton arbre. Gratte la terre du fond pour l'aérer, ajoutes-y une bonne quantité de compost et mélange le tout.

4. Verse 10 l d'eau dans le trou.

5. Dépote l'arbre, griffe les côtés et le dessous de la motte sans abîmer les racines, et place la motte dans le trou. Comble si nécessaire avec de la terre mélangée à du compost. Ajoute encore 10 l d'eau.

6. Dispose de la paille tout autour du plant pour éviter l'évaporation de l'eau. Plante ton tuteur en biais et attaches-y l'arbre avec la ficelle.

Il n'y a plus qu'à attendre que ça pousse !

Quelles alternatives ?

Partout, projets et innovations naissent pour résoudre les problèmes liés aux ressources. De vraies bonnes solutions existent, il n'y a plus qu'à les généraliser.

Dans une *tiny house*, le manque de place pousse à vivre plus sobrement.

Petit geste éco

Un foyer reçoit chaque année dans sa boîte aux lettres en moyenne 31 kg de prospectus. Que d'arbres gâchés ! Pour ne plus recevoir de publicités, colle sur ta boîte aux lettres une étiquette « Stop pubs ». Tu en trouveras facilement à imprimer sur Internet, ou dessine-la toi-même.

Construire léger

Dans le domaine de la construction, les alternatives pour économiser les ressources ne manquent pas. Par exemple, les maisons faites de matériaux renouvelables et biodégradables prélevés sur place (paille, terre, bois), ou encore les habitats groupés et les habitats légers (*tiny houses*, yourtes...), qui nécessitent moins de matériaux.

Économiser l'eau

Pour s'adapter à la demande toujours plus importante, des méthodes d'irrigation plus économes en eau sont envisagées, comme le goutte-à-goutte ou l'utilisation d'eaux usées préalablement traitées.

Se passer du phosphore fossile

Nécessaire pour l'agriculture intensive, le phosphore est l'ingrédient principal des engrais. Il est extrait de roches fossiles qui pourraient être épuisées d'ici 100 à 300 ans. De nombreuses idées sont étudiées pour éviter une famine mondiale, d'un meilleur prélèvement du phosphore par les plantes, à ses autres sources, comme les urines, ou mieux : des cultures sans engrais ni pesticides ni eau, comme la permaculture.

Au Sénégal, on a su tirer parti d'une plante envahissante, le typha, ou massette, en l'utilisant pour fabriquer un « charbon » moins polluant que le charbon fossile et pour isoler les maisons.

La fausse alternative

De nombreuses entreprises utilisent à présent des végétaux pour remplacer la pétrochimie : c'est la chimie biosourcée. Si elle n'utilise pas le pétrole comme matière première, cette industrie énergivore reste polluante, consomme beaucoup d'eau et entre en concurrence avec les cultures alimentaires (pour produire ses végétaux).

Le changement est en nous

En présentant ses produits comme recyclables ou biodégradables, la chimie biosourcée déculpabilise le geste de jeter et l'usage unique... pour mieux inciter à racheter ! Les solutions pour remplacer le pétrole allieront certainement nouvelles énergies et nouveaux matériaux, mais devront avant tout commencer par un changement de nos modes de vie et de consommation.

Dessale l'eau de mer

Faire de l'eau douce à partir d'eau salée est un procédé très utilisé au Moyen-Orient pour obtenir de l'eau potable. Essaie !

- **Verre**
- **Eau salée**
- **Saladier**
- **Cellophane**
- **Billes**

1. Verse l'eau salée dans le saladier.

2. Place le verre dans le saladier, avec des billes pour le lester. L'eau salée ne doit pas entrer dans le verre.

3. Recouvre ensuite le saladier de cellophane, et dispose quelques billes en son centre.

4. Laisse-le au soleil et observe ce qu'il se passe : des gouttes d'eau se forment au centre du cellophane et tombent dans le verre.

5. Quand il y a assez d'eau dans le verre, goûte-la : elle a perdu son sel !

En s'évaporant, l'eau a laissé le sel sur place avant de se condenser, revenant à sa forme liquide contre le cellophane.

Dans l'écoquartier d'Almere, aux Pays-Bas, une partie du chauffage est alimentée par une île de panneaux solaires.

MAÎTRISER NOTRE CONSOMMATION D'ÉNERGIE

Une maison bien chauffée et éclairée, une voiture pour nous transporter sans effort, des appareils électroniques pour nous divertir... tout notre confort moderne repose sur la consommation d'énergie. Mais avons-nous vraiment besoin de consommer autant ?

Quand on brûle du bois, l'énergie chimique qu'il renferme se transforme en énergie thermique (elle chauffe) et en énergie lumineuse (elle éclaire).

Indispensable énergie

Toutes nos activités reposent sur l'énergie : elle fait fonctionner nos machines, nous chauffe (et nous rafraîchit), nous transporte, nous éclaire, nous divertit.

22 octobre
Journée mondiale de l'énergie

L'énergie, quésaco ?

Le dictionnaire la définit comme la capacité d'un corps à produire un travail. C'est une force qui peut prendre plusieurs formes et passer de l'une à l'autre. Par exemple, un mouvement (énergie cinétique) peut avoir pour origines plusieurs sources d'énergie. Ton corps bouge grâce à l'énergie chimique contenue dans ton repas, qui alimente tes muscles. Pour une voiture, l'énergie provient du carburant, tandis qu'un TGV fonctionne à l'énergie électrique.

L'énergie, source de problèmes

Les sources d'énergie sont nombreuses : pétrole, gaz, eau, vent, soleil, uranium... L'extraction de certaines de ces ressources, comme le pétrole, le gaz ou l'uranium, est très polluante. Puis l'utilisation de certaines d'entre elles, en particulier quand on brûle du pétrole ou du charbon, libère dans l'air de nombreux polluants mauvais pour la santé humaine et la biodiversité, ainsi que des gaz à effet de serre (GES), qui renforcent le dérèglement du climat.

Un appareil de classe A+ (voire A++) coûte plus cher, mais l'investissement en vaut la peine pour la planète... et pour le portefeuille aussi, car cet appareil consomme moins d'énergie et d'eau. Son utilisation est donc plus économique.

Une bonne isolation des bâtiments est indispensable pour chauffer moins par temps froid et rester au frais en été. Jusqu'à 1/3 de la chaleur peut fuir par une toiture mal isolée.

Notre défi à tous

Prendre la voiture sous n'importe quel prétexte, voyager loin, utiliser toutes sortes d'appareils électriques et électroniques... nous nous sommes habitués à un certain confort. Mais nos habitudes du quotidien consomment une grande quantité d'énergie, et génèrent donc une forte pollution et d'importantes émissions de GES. Tout l'enjeu des années à venir est de réussir à modifier nos habitudes pour réduire ces problèmes tout en conservant une bonne qualité de vie.

Petit geste éco

Utilise tes jambes plutôt que l'ascenseur ou l'escalator, qui consomment beaucoup d'énergie.

Cuisine avec moins d'énergie

Voici quelques réflexes à adopter :

- Coupe les aliments en petits morceaux : ils cuisent plus vite à cœur.
- Adapte la taille du plat à la quantité d'aliments, pour chauffer juste ce qu'il faut.
- Utilise une cocotte-minute : elle cuit plus vite, donc nécessite moins de chaleur.
- Avec un couvercle, emprisonne la chaleur pendant la cuisson (tout en réduisant le feu) puis une fois le plat posé sur la table.
- Privilégie les produits frais : le congélateur et le four à micro-ondes consomment une énergie dont on pourrait souvent se passer.
- Fabrique une marmite norvégienne (*voir* p. 59).

Un chef ne cuisine jamais seul !

Aide-toi d'un adulte pour réaliser ces activités.

Les énergies traditionnelles

Les énergies fossiles et, plus récemment, l'énergie nucléaire ont permis de remplacer la force humaine et animale par celle des machines. On leur doit nos progrès techniques depuis plus de 2 siècles. Mais de quoi sont-elles faites ?

Ces drôles d'animaux métalliques, les trépans, forent des puits pour extraire le pétrole enfoui à des centaines de mètres de profondeur.

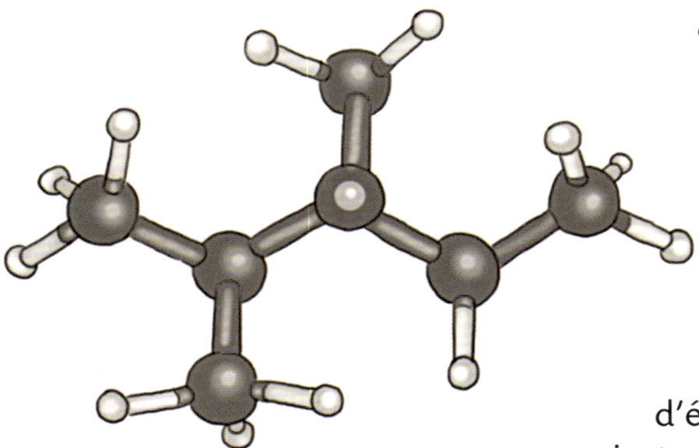

Comme leur nom l'indique, les hydrocarbures sont principalement composés d'atomes d'**hydro**gène liés à des atomes de **carb**one. On parle d'énergie carbonée.

Des fossiles plein d'énergie

Le pétrole, le charbon, le gaz naturel et le gaz de schiste sont regroupés sous les termes d'hydrocarbures ou de sources d'énergie fossile. Pourquoi ? Parce que ce sont justement des fossiles qui se sont formés durant des centaines de millions d'années (*voir* p. 38). Et c'est parce qu'ils ont mis tant de temps à se créer que l'on parle aussi d'énergies non renouvelables : ce n'est pas demain la veille que des réserves vont se reconstituer !

En s'appuyant sur les technologies et les consommations actuelles, on peut évaluer à l'année près les réserves mondiales d'énergies non renouvelables. Combien de temps encore avant que chaque énergie soit épuisée ?

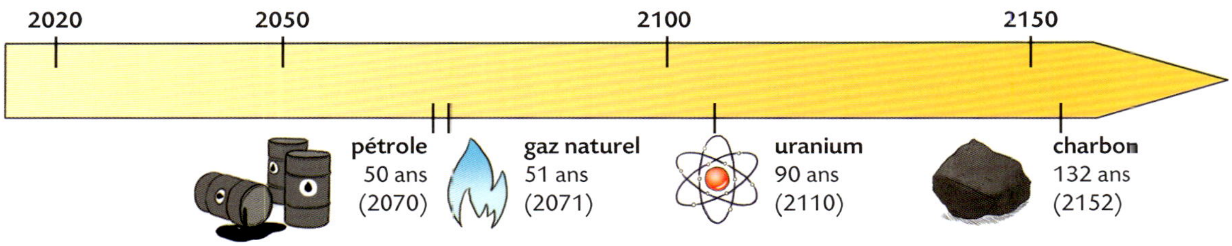

Fabrique une pile naturelle

- **Citron**
- **Clou en zinc**
- **Clou en cuivre**
- **Fil électrique**
- **Ampoule LED**

1. Écrase un peu le citron entre tes mains puis coupe-le en 2.

2. Dans une moitié, enfonce les 2 clous, bien écartés.

3. Avec des morceaux de fil électrique dénudés aux extrémités, connecte une patte de la LED au clou en zinc. Connecte ensuite les 2 clous voisins entre eux. Enfin, ferme ce circuit en reliant le clou en cuivre à la 2e patte de la LED… qui s'allume !

L'acide du jus de citron conduit les électrons d'un métal à l'autre, créant un courant électrique.

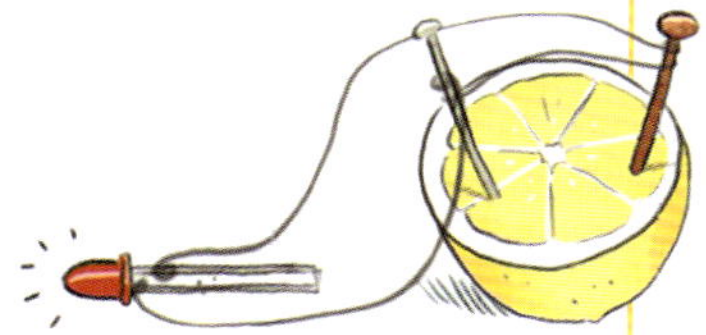

Naturels, mais problématiques

Ils ont beau être d'origine naturelle, les hydrocarbures ne représentent pas moins un grand danger pour la nature. Leur combustion génère des gaz à effet de serre et des gaz polluants, et si du pétrole liquide a le malheur d'être déversé dans les mers ou sur les terres, il cause d'immenses dégâts dans les écosystèmes.

Petit geste éco

10 % des piles sont jetées neuves ! Et bien plus alors qu'elles sont usagées mais encore suffisamment chargées pour faire fonctionner un appareil. Pour quelques euros, procure-toi un testeur de piles et teste tes réserves, sans oublier les piles que tu as mises de côté pour les jeter dans un collecteur. Récupère celles qui sont encore utilisables.

Des roches rayonnantes

minerai d'uranium

Certaines roches, comme l'uranium, sont dites radioactives : elles émettent naturellement des rayonnements et de la chaleur. Depuis les années 1950, on sait utiliser cette énergie nucléaire pour fabriquer de l'électricité. Mais là encore, les réserves d'uranium ne sont pas éternelles.

Pourquoi nucléaire ?

« Nucléaire » vient du latin *nucleus*, qui signifie noyau. Dans la cuve d'un réacteur nucléaire, on casse les noyaux de certains atomes (principalement de l'uranium) pour produire de l'électricité.

Les énergies renouvelables

La Terre met à notre disposition de nombreuses sources d'énergie inépuisables, comme la puissance du soleil, la force du vent et de l'eau, la chaleur du sous-sol…

2 grandes familles

L'homme a appris (et apprend encore) à transformer l'énergie renouvelable (EnR) et gratuite fournie par la nature, principalement sous 2 formes. D'une part, en électricité (EnR électriques), grâce aux barrages, panneaux solaires photovoltaïques, éoliennes ou encore hydroliennes. D'autre part, en chaleur et carburant (EnR thermiques), avec les installations géothermiques et de méthanisation, les agrocarburants...

Le barrage de Serre-Ponçon, dans les Hautes-Alpes, est l'un des plus grands d'Europe !

Petit geste éco

Privilégions le mode « éco » du lave-vaisselle : il économise jusqu'à 45 % d'électricité par rapport au programme intensif.

32 %

C'est la part d'énergies renouvelables envisagées pour 2030 en France.

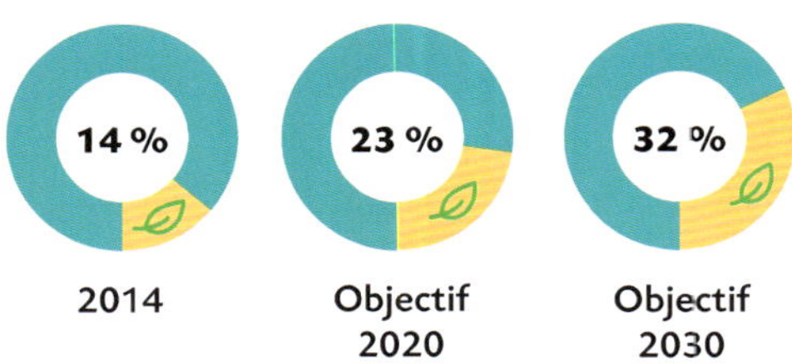

part des EnR dans la consommation d'énergie en France et objectifs à l'horizon 2030

Trop fort, le soleil !

À lui seul, le soleil peut nous fournir chaleur et électricité. Il chauffe encore plus fort si le matériau est sombre et s'il est placé derrière une vitre : c'est l'effet de serre. On utilise ces 2 propriétés dans les chauffe-eau solaires, ces panneaux noirs de plus en plus présents sur les toits et qui alimentent douches et radiateurs. Les panneaux bleus, photovoltaïques, sont faits en silicium, un minéral qui produit de l'électricité lorsqu'il est « excité » par les rayons du soleil.

La puissance des courants

Une feuille qui s'envole dans une bourrasque ou qui est entraînée par le courant d'un torrent, une vague qui te bouscule au bord de l'océan... L'eau et l'air sont des fluides très puissants lorsqu'ils circulent. Si on les fait traverser à grande vitesse des machines qui tournent, des moulins (à eau pour les hydroliennes ou à vent pour les éoliennes) ou les turbines au bas des barrages, on peut transformer leur force en électricité.

Sous l'eau, les hydroliennes exploitent la force des marées et des courants marins, plus prévisibles et réguliers que les vents.

Chaud dessous !

Plus on descend dans les profondeurs de la Terre, plus la température augmente. À quelques mètres, il fait déjà 12 °C, même en plein hiver. Les installations de géothermie (du grec « *geo* », Terre, et « *thermos* », chaleur) captent ces calories en faisant circuler de l'eau ou de l'air à faible profondeur pour préchauffer l'air en hiver et le rafraîchir en été. En creusant plus profond, on atteint plus de 100 °C : en France, 200 000 foyers sont chauffés ainsi en ville.

De gigantesques éoliennes *offshore* sont installées au large des côtes : les vents y sont plus forts et plus puissants que sur terre.

Confectionne une éolienne

Une éolienne fournit de l'électricité pour 3 000 foyers en moyenne. Fabriques-en une miniature !

- **Feuille carrée**
- **Punaise**
- **Bouchon en liège**
- **Pique à brochette**
- **Ciseaux**

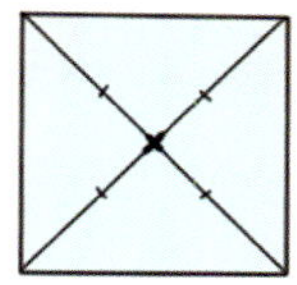

1. Plie la feuille pour joindre 2 coins opposés, afin de marquer la diagonale. Recommence pour la seconde.

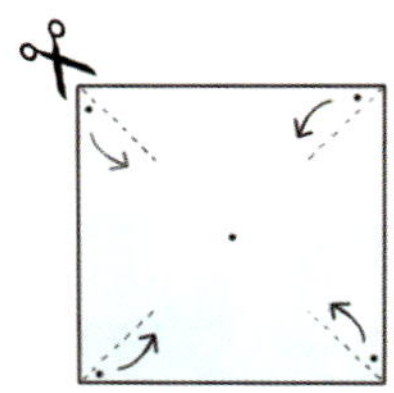

2. Découpe chaque demi-diagonale sur la moitié de sa longueur.

3. Rabats 1 pointe sur 2 vers le centre (pointes marquées d'un point sur le schéma).

4. Enfonce la punaise dans ces 4 pointes repliées, puis au centre de la feuille et enfin dans le bouchon.

5. Enfonce la pique dans le bouchon et place ton éolienne dans le vent !

Des plantes pleines d'énergie

Les végétaux recèlent bien des trésors : ils synthétisent l'oxygène que nous respirons, nous nourrissent, nous fournissent des médicaments… et même de l'énergie !

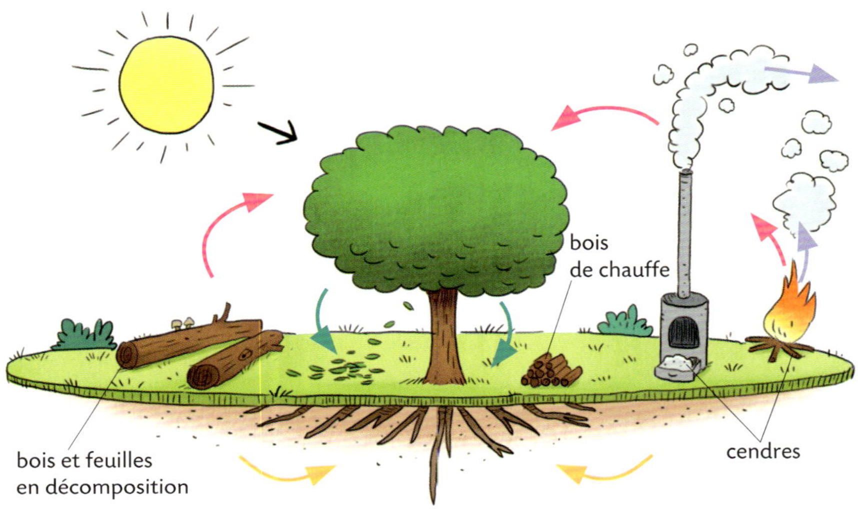

Le cycle du carbone du bois énergie
Le CO_2, piégé par les arbres lors de la photosynthèse pour fabriquer de la matière organique, est libéré dans l'air pendant la combustion du bois, avant d'être réabsorbé par d'autres plantes. Le bilan carbone (ou total des émissions de GES) est donc neutre.

- O_2
- CO_2
- matières minérales
- particules fines

Le bois, ressource universelle

Le tiers de la population mondiale (et même les $^2/_3$ en Afrique) utilise le bois comme source d'énergie pour cuire ses aliments et se chauffer. En France, de plus en plus de foyers se chauffent au bois. Brûlé à l'air libre ou dans les cheminées, il chauffe mal, et libère de grandes quantités de polluants et de particules fines, néfastes pour la santé et le climat. Mais dans les installations modernes, le rendement est excellent et la pollution très réduite.

De nombreux poêles sont alimentés par des granulés, ou pellets, de petits cylindres de sciure de bois compactée, qui chauffent avec efficacité.

Petit geste éco

Ne chauffe pas ta chambre à plus de 21 °C quand tu y es, et de 17 °C quand tu t'absentes ou la nuit. Sous la couette, ton sommeil n'en sera que meilleur !

Renouvelable mais pas inépuisable

Céréales, bois, déchets agricoles… On regroupe toute la matière vivante qui permet de produire de l'énergie (dite « bioénergie ») sous un terme : la biomasse. Cette ressource représente 11 % de la consommation d'énergie mondiale. Contrairement au soleil ou au vent, ce n'est pas une source d'énergie inépuisable, mais tant que nos sols restent fertiles, on peut continuer à cultiver cette biomasse. C'est donc une énergie renouvelable.

Vive les déchets !

Placés dans de bonnes conditions, à environ 40 °C dans une grande cuve sans air, les déchets agricoles, le fumier ou les restes des cantines font le bonheur de bactéries, qui les transforment en biogaz (un mélange de méthane et de CO_2). C'est la méthanisation. Ce biogaz peut ensuite être utilisé pour chauffer, produire de l'électricité ou comme carburant.

bassin dans une station de méthanisation agricole

On est en train de développer une 3e génération de biocarburants à partir de micro-algues, des algues invisibles capables de produire de l'huile ou du gaz.

Les biocarburants

Une partie de l'essence peut être remplacée par de l'huile ou de l'alcool produits à partir de plantes : on parle de biocarburants. Ceux de 1re génération sont issus de cultures (colza, maïs, betterave…) et entrent donc en compétition avec l'agriculture alimentaire. Ceux de 2e génération valorisent des déchets agricoles et forestiers.

La marmite norvégienne

Pour cuisiner des plats mijotés, en sauce ou à l'eau, cuis-les presque sans énergie, simplement en isolant ton plat chaud !

- **Cocotte ou faitout avec couvercle**
- **Boîte plus grande et plus haute que la cocotte**
- **Couverture de survie (facultatif)**
- **Dessous-de-plat**
- **Vieilles couvertures en laine ou duvets**

1. Mets tous les ingrédients de ta recette dans la cocotte et lance la cuisson jusqu'à ce que l'eau bouille quelques minutes. Ne soulève surtout pas le couvercle.

2. Étale dans la boîte les couvertures, puis celle de survie (côté argenté visible).

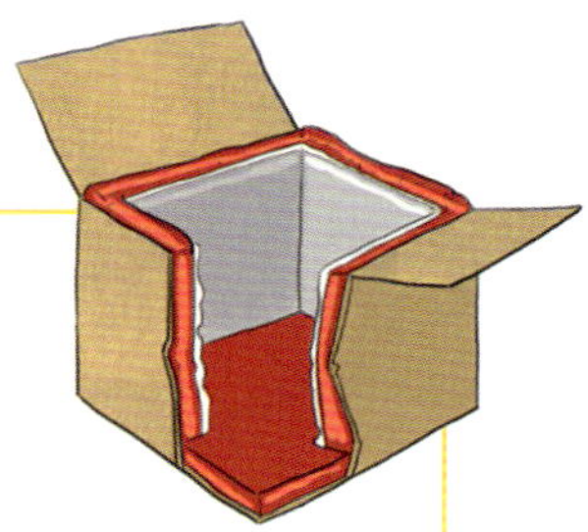

3. Installe le dessous-de-plat dans le fond de la boîte, poses-y ta cocotte chaude et replie les couvertures dessus en serrant bien. Vérifie que ton dispositif reste froid à l'extérieur et bouche les éventuelles fuites de chaleur.

4. Augmente d'$^1/_3$ le temps de cuisson de la recette classique (par exemple, ajoute 10 min si la recette indique 30 min).

Ton petit plat aura cuit de façon lente et douce. Tu n'as plus qu'à te régaler !

Les utilisations de l'énergie

Chez toi, à l'école, lors de tes loisirs, de tes trajets : partout et à tout moment, tu utilises de l'énergie.

Mtep

C'est l'abréviation de « mégatonnes équivalent pétrole ». Cette unité de mesure permet de comparer les différentes énergies entre elles.

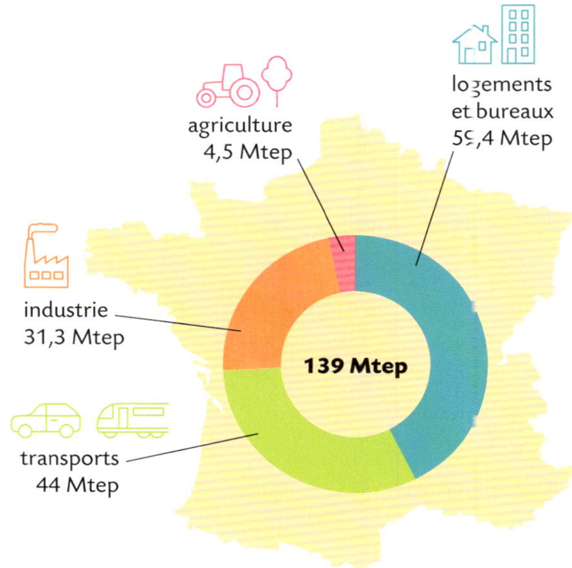

consommation d'énergie en France en 2018 (par secteurs d'activité)

Les bâtiments

Maisons, écoles, bureaux, mairies... les bâtiments occupent la première place sur le podium de la consommation d'énergie. Grâce aux rénovations de ces dernières années, beaucoup sont mieux isolés thermiquement et équipés de systèmes de chauffage plus performants. Mais ils comptent aussi de plus en plus d'appareils électriques et électroniques. Leur consommation d'électricité ne cesse donc d'augmenter : + 40 % depuis 1990 !

Les transports

Sur la deuxième marche du podium, les transports carburent surtout aux énergies fossiles, polluantes et émettrices de GES. Les constructeurs mettent au point des véhicules de plus en plus économes, ainsi que des modèles électriques et des systèmes hybrides fonctionnant à la fois aux hydrocarbures et à l'électricité. Les transports en commun et le covoiturage sont de bonnes alternatives.

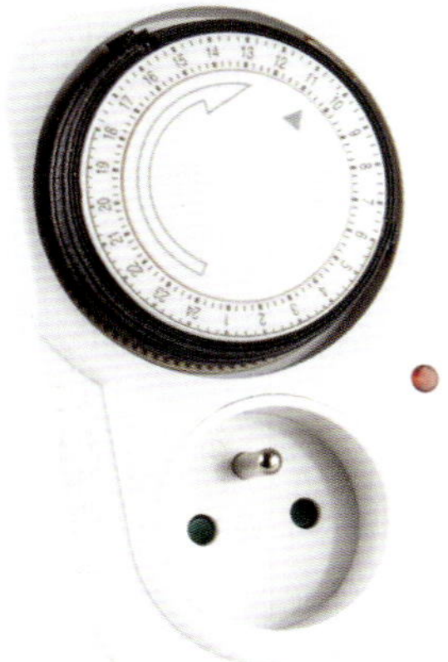

Pour éviter de laisser les appareils en veille, on peut en éteindre plusieurs d'un coup grâce à une multiprise à interrupteur, ou automatiser leur mise en marche/arrêt avec une prise programmable.

Bien conçus et équipés en énergies renouvelables, les bâtiments modernes « à énergie positive » (Bepos) produisent plus d'énergie qu'ils n'en consomment.

100

C'est le nombre moyen d'appareils électriques et électroniques dans une maison.

Gros hic avec le numérique

Les appareils numériques (smartphones, tablettes, appareils connectés...) ne cessent de se multiplier et leur utilisation gonfle la facture d'électricité. Leur fabrication consomme plus d'énergie que leur utilisation ! Alors conservons-les le plus longtemps possible. Le transport des données sur Internet est aussi très énergivore : télécharge les vidéos plutôt que de les visionner en *streaming*, et stocke tes données sur un disque dur plutôt que sur le *cloud*.

Avec le défi « Familles à énergie positive » soutenu par l'Ademe, plus de 45 000 familles françaises ont déjà réussi à réduire leur consommation d'énergie d'au moins 12 %, économisant au passage 200 € par an.

Petit geste éco

Le soir et quand la maison est vide, débranche la box Internet et son boîtier TV : sur une année, allumés 24 h sur 24, ils consomment autant qu'un réfrigérateur.

L'énergie consommée chez toi

La cuisson des plats n'est pas très gourmande : seulement 5 % de l'énergie domestique.

Vient ensuite l'eau chaude sanitaire : 12 %.

L'électricité spécifique (télévision, ordinateur, lumière...) est assez énergivore, avec 16 % de la consommation, mais la palme revient... au radiateur : 67 % !

Les impacts de la production d'énergie

Toute consommation d'énergie puise plus ou moins fortement dans les ressources de notre planète, émet des GES et provoque des pollutions. À réduire au maximum !

Installée au large des États-Unis, la plateforme Deepwater Horizon a fui durant 3 mois, en 2010. Cette marée noire a empoisonné la faune et la flore sur des milliers de kilomètres d'océan et de côte !

On s'en passerait bien !

Si nous nous inquiétons tant de notre consommation d'énergie, c'est parce qu'elle a des conséquences importantes sur la santé de notre planète. Brûler des hydrocarbures pollue l'air, l'eau et le sol, et participe au réchauffement climatique, que ce soit directement, lorsqu'on brûle du pétrole pour voyager en voiture ou en avion, ou indirectement, lors de la fabrication de nos vêtements ou de nos objets dans les usines.

Consommer pour produire

Rendre utilisables les différentes sources d'énergie nécessite... de l'énergie ! Et quand il en faut beaucoup, cette source n'est pas forcément intéressante. On parle de taux de retour énergétique (TRE) ou, plus couramment, d'EROI (de l'anglais *Energy Returned On Energy Invested*). L'EROI prend par exemple en compte le forage (plus le puits est profond, plus on dépense d'énergie), le transport vers les lieux d'utilisation et l'éventuelle transformation du combustible extrait pour pouvoir l'utiliser dans une centrale.

CO_2 émis par passager pour un trajet Paris-Marseille

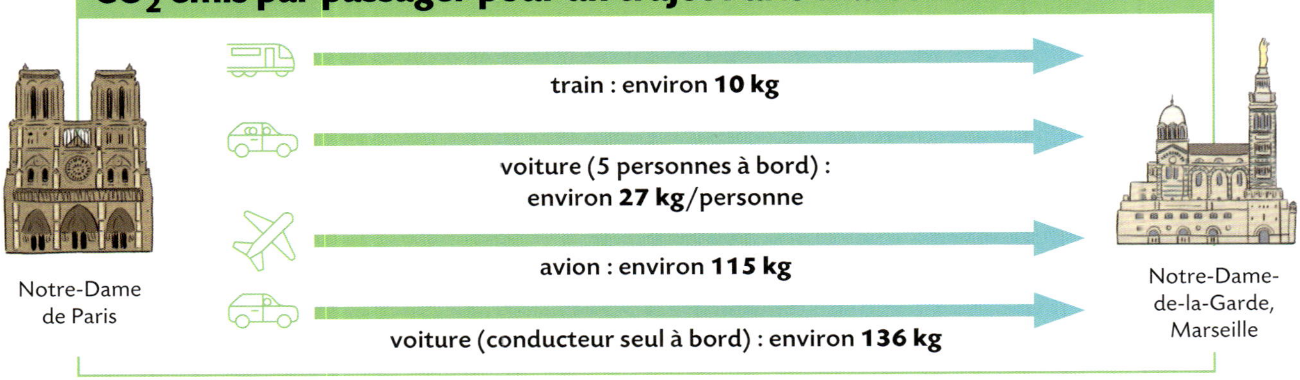

22 septembre
Journée mondiale sans voiture

Vraiment efficace ?

L'EROI du charbon est élevé, son exploitation est donc rentable, mais ses émissions de GES et de polluants sont catastrophiques. L'EROI du pétrole est aussi intéressant, mais il a beaucoup baissé ces dernières années car les gisements sont plus complexes à exploiter : plus petits, plus profonds ou encore en haute mer. Parmi les EnR, le résultat est très bon pour l'hydroélectrique et beaucoup moins pour les autres. Mais grâce aux progrès technologiques, il augmente peu à peu.

Il faut qu'un panneau solaire fonctionne entre 1 et 3 ans pour compenser l'énergie nécessaire à sa fabrication.

Nouvelle source, nouveau problème

Il y a quelques années, on a découvert un peu partout dans le monde de nouvelles sources d'énergie fossile, dites « non conventionnelles ». Parmi elles, le gaz de schiste. L'exploiter rendrait moins dépendants les États qui sont obligés de l'importer. Pour l'extraire, il faut fracturer la roche dans laquelle il est emprisonné : cette technologie très polluante et risquée consomme beaucoup d'énergie et d'eau, avec un EROI très faible. Le jeu en vaut-il vraiment la chandelle ?

Petit geste éco

Si tu dois vraiment voyager en voiture, pense au covoiturage : tes copains et toi, demandez à prendre un seul véhicule plutôt que chacun le sien pour aller au même endroit.

Les sables bitumineux (un mélange de pétrole, de sable, d'eau et d'argile) sont une autre source d'énergie fossile non conventionnelle. Les principaux gisements se trouvent au Canada.

Les centrales nucléaires prélèvent de l'eau dans les cours d'eau voisins pour refroidir les réacteurs. En période de sécheresse, il faut parfois les mettre à l'arrêt quelques jours.

Le nucléaire, pas si clair...

Cette source d'énergie est décrite comme « propre » par ses défenseurs. Il est vrai qu'elle présente des avantages face aux combustibles fossiles, mais elle possède aussi un côté obscur.

57

C'est le nombre de réacteurs nucléaires actifs en France en 2020, sur 19 centrales, tandis que 9 réacteurs sont en cours de démantèlement.

Des avantages...

Contrairement aux énergies fossiles, le nucléaire n'émet ni gaz polluants, ni CO_2. On parle donc d'une énergie « décarbonée », qui n'a pas d'impact direct sur le réchauffement climatique. Des cheminées des centrales ne sortent que de gros nuages de vapeur d'eau inoffensifs. De plus, l'électricité ainsi produite est assez peu chère.

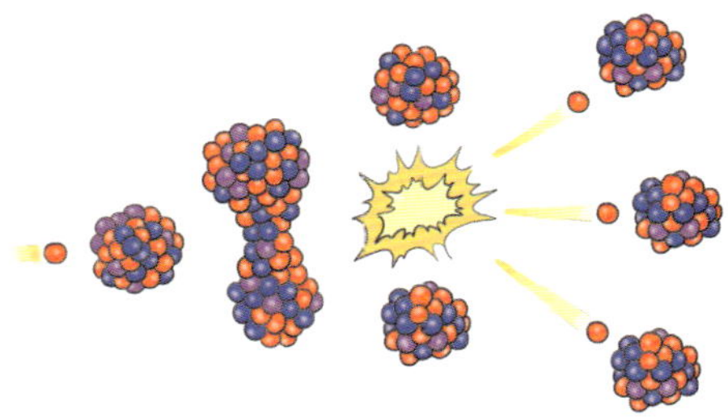

Dans les centrales nucléaires, on provoque la fission nucléaire : on fait exploser le noyau des atomes d'uranium, ce qui libère une énergie phénoménale, transformée en électricité.

... et de gros inconvénients

L'extraction de l'uranium dans les mines consomme de l'énergie, ce qui libère des GES. Même chose pour la phase de démantèlement quand une centrale doit fermer. Mais bien plus inquiétants sont les déchets produits lors de l'extraction et dans les centrales. Ils émettent de la radioactivité pendant des centaines voire des milliers d'années. Ces ondes sont dangereuses pour tous les êtres vivants : elles peuvent causer, notamment, des cancers et des malformations.

Petit geste éco

En journée, laisse entrer la lumière naturelle au lieu d'allumer une lampe.

Les déchets moyennement radioactifs à durée de vie courte sont empilés en surface dans des alvéoles en béton qui, une fois pleines, sont fermées et recouvertes de plastique et de sable.

Des déchets gênants

Aujourd'hui, personne ne sait recycler les déchets radioactifs. Ils sont enfermés dans des conteneurs métalliques ou en béton. Les plus dangereux sont d'abord piégés dans du verre en fusion (vitrification). Ensuite, ceux à durée de vie courte sont stockés pour quelques centaines d'années dans des centres spéciaux ; ils ne présenteront plus de risque après 300 ans. Les autres sont, pour le moment, entreposés sur leurs lieux de production en attendant que la science développe des techniques de stockage suffisamment sûres.

Entre 1946 et 1993, date d'interdiction de cette pratique, des milliers de tonnes de déchets nucléaires ont été jetées au fond des océans. Aujourd'hui, certains « colis » fuient, laissant échapper de la radioactivité...

Stockage en couche profonde

La France développe à Bure, dans l'est du pays, le projet Cigéo, qui prévoit le stockage des déchets à durée de vie extralongue (jusqu'à 2 millions d'années) à 500 m de profondeur, dans une couche d'argile imperméable. Ce projet est très contesté par les écologistes, qui le jugent dangereux et trop cher.

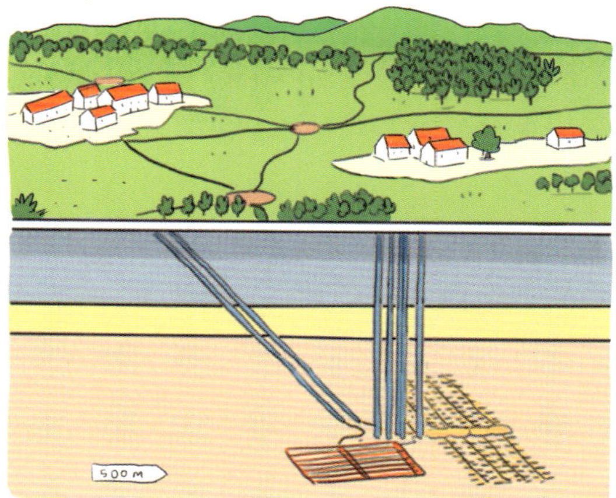

Un danger acceptable ?

Danger bien plus grand que les déchets : les centrales elles-mêmes, en cas d'explosion d'un réacteur. C'est ce qui s'est produit en 1986 à Tchernobyl, en Ukraine. Puis en 2011, à la suite d'un tremblement de terre et d'un tsunami qui ont endommagé 3 réacteurs de la centrale japonaise de Fukushima. Dans les 2 cas, la radioactivité libérée a pollué l'environnement sur des dizaines de kilomètres à la ronde, et ce au moins pour des dizaines d'années.

La catastrophe de Tchernobyl a marqué les esprits du monde entier et engagé de nombreux pays à sortir peu à peu du nucléaire.

Les énergies dans le monde

L'accès à l'énergie se répartit de façon très inégale sur Terre. On extrait les ressources dans quelques zones du globe, tandis qu'on consomme massivement l'énergie dans d'autres. Petit tour d'horizon.

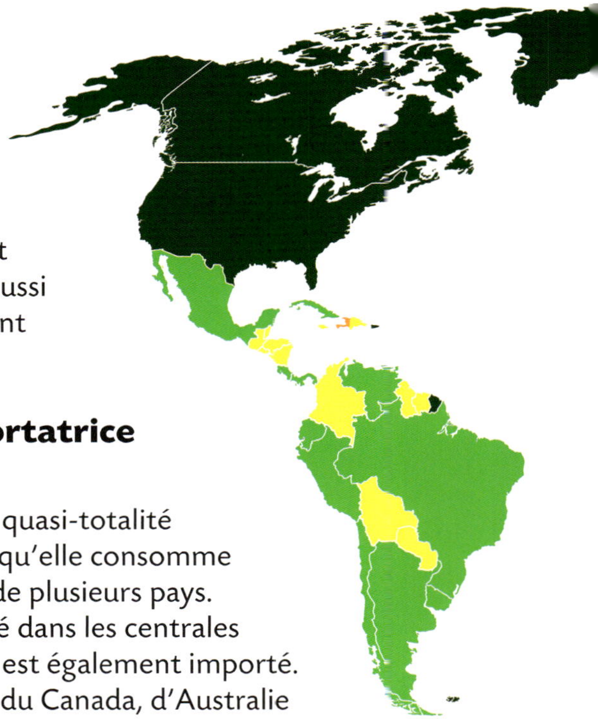

Des ressources non partagées

Les sources d'énergies fossiles et nucléaires sont concentrées dans certaines régions de la planète. Les $^{2}/_{3}$ des gisements de pétrole se trouvent au Moyen-Orient, qui partage aussi avec la Russie les $^{2}/_{3}$ des réserves de gaz. Ces énergies fossiles sont une vraie richesse pour les pays producteurs, mais aussi une source de pouvoir, car les autres États dépendent d'eux pour se fournir en énergie.

En 50 ans, sur Terre, la population a été multipliée par 2,5 mais la consommation d'énergie par 5... La faute à la surconsommation.

La France : importatrice et exportatrice

La France importe la quasi-totalité des énergies fossiles qu'elle consomme et se fournit auprès de plusieurs pays. Tout l'uranium utilisé dans les centrales nucléaires françaises est également importé. Il provient du Niger, du Canada, d'Australie et du Kazakhstan. Pour sa production d'électricité, la France a aussi beaucoup investi dans l'hydraulique. Ainsi, l'eau de ses lacs et rivières la rend partiellement autonome. La France produit même plus qu'elle ne consomme et revend de l'électricité à ses voisins.

80 %

Plus de 80 % de la consommation d'énergie dans le monde provient de sources non renouvelables. Il faudrait inverser la vapeur !

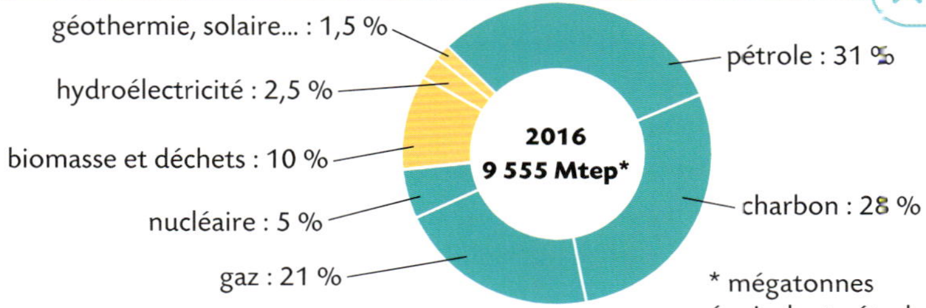

Énergies fossiles
Énergies renouvelables

* mégatonnes équivalent pétrole

Petit geste éco

Si tu as un smartphone, assure-toi qu'il est en mode « économie d'énergie » et baisse la luminosité de l'écran au maximum pour ne pas avoir à le recharger trop souvent.

Quelques mégaconsommateurs

La consommation d'énergie de la Chine et des États-Unis représente le tiers du total de tous les pays ! L'Union européenne arrive en troisième place, suivie par l'Inde et la Russie. En 2016, les humains ont consommé 35 % d'énergie de plus qu'en 2000, alors que la plupart des États se sont engagés à réduire leurs émissions de GES, et donc leur consommation énergétique…

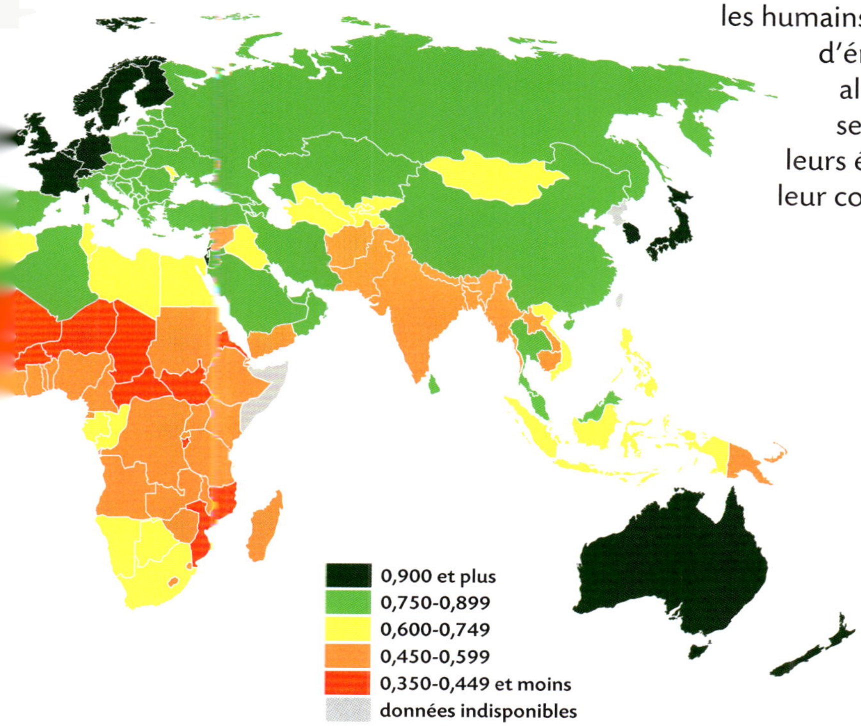

IDH

Indice de développement humain. Pour illustrer la qualité de vie dans un pays, cet indice considère non seulement la richesse de ce pays (son « PIB »), mais aussi l'espérance de vie à la naissance de ses habitants et le niveau d'éducation de ses jeunes de 17 ans et plus.

Carte mondiale de l'IDH en 2017
Si nous consommons (et gaspillons) tant d'énergie, c'est en grande partie pour améliorer notre confort. L'IDH, créé par l'ONU, note la qualité de vie de 0 (très faible) à 1 (excellente). Cette carte pourrait presque se superposer à celle de la consommation d'énergie.

Calcule ton empreinte écologique

Ton mode de vie est-il adapté à l'urgence écologique ? Pourrais-tu t'améliorer sur certains points ? Réponds au calculateur d'empreinte écologique de la WWF Suisse (wwf.ch/fr/vie-durable/calculateur-d-empreinte-ecologique). Il t'indiquera combien de planètes seraient nécessaires si tous les habitants de la Terre vivaient comme ta famille et toi.

Les politiques énergétiques

Agir à notre niveau, c'est important. Mais pour une transition écologique efficace, il est impératif que les pouvoirs politiques s'engagent aussi.

Ceux qui nous gouvernent

Grâce à de petits (et grands) efforts, tous ensemble, nous pouvons drastiquement réduire notre consommation d'énergie. Mais les États doivent aussi fixer des objectifs contraignants à l'échelle d'un pays, d'un continent ou de la planète. Voici par exemple des engagements de l'Europe pour 2030 inscrits dans le « paquet énergie-climat » : 27 % d'EnR dans l'utilisation d'énergie et 40 % de réduction des émissions de GES par rapport à 1990.

Pour encourager le covoiturage, de nombreuses villes ont aménagé des aires où garer sa voiture avant de monter dans celle d'un covoitureur.

Le tramway fonctionne à l'électricité et consomme 15 fois moins d'énergie qu'une voiture.

Encourager les transports alternatifs

Tu veux te déplacer plus souvent à vélo ou en transport en commun ? Super Mais encore faut-il des pistes cyclables ou des lignes de bus, de métro ou de tramway. Les villes, les départements, les régions et le gouvernement se doivent de développer des modes de transport alternatifs à la voiture et à l'avion, qui restent les plus polluants. Une grosse responsabilité !

Transition écologique

Passage de notre mode actuel de production et de consommation à un système plus respectueux de l'environnement et des humains.

Petit geste éco

Avec tes parents, écris au maire ou au député pour lui suggérer des améliorations à apporter dans ton quartier : prolonger telle piste cyclable, créer un arrêt de bus à tel endroit...

Aider à rénover

Grâce à des lois toujours plus contraignantes, les bâtiments neufs consomment de moins en moins d'énergie. Pour inciter à rénover les bâtiments existants en les isolant et en les dotant d'équipements peu gourmands en énergie, l'État, les régions, les départements et les villes proposent des aides financières.

En 2002 à Johannesburg (Afrique du Sud), lors du Sommet de la Terre, le président français de l'époque, Jacques Chirac, lance une phrase restée célèbre (et soufflée par l'universitaire Jean-Paul Deléage) : « Notre maison brûle et nous regardons ailleurs. »

Agir plutôt que subir

En 2006, un rapport de l'économiste britannique Nicholas Stern établit que les désastres causés par le changement climatique vont nous coûter beaucoup plus cher que de mettre en place dès maintenant des mesures d'économie d'énergie, de développement durable et de préservation de l'environnement. Ce texte a eu une forte influence sur le monde politique.

Organise un concours de déplacement propre

Voici une façon ludique d'encourager tes copains à se déplacer plus écologiquement.

1. Formez des équipes de 3 ou 4.

2. Pendant une semaine, chacun d'entre vous doit noter les distances de tous ses trajets à pied, vélo, trottinette, bus… Évidemment, plus vous encouragerez vos parents à éviter la voiture, plus vous marquerez de points.

3. À la fin de la semaine, chaque équipe fait le compte. Les vainqueurs sont ceux qui ont parcouru le plus de kilomètres en mobilité douce.

4. Pendant quelques mois, incitez vos familles à changer d'habitudes pour certains trajets, puis renouvelez le concours.

Tu peux aussi proposer ce concours à la direction de ton école : quelle classe remportera le titre ?

La permaculture permet une production de légumes et de fruits... écologiquement intensive ! En respectant l'équilibre des écosystèmes, elle produit beaucoup sur une petite surface.

NOURRIR LA PLANÈTE

Comment nourrir une population mondiale qui augmente avec des terres cultivables dont la quantité et la fertilité diminuent ? C'est probablement le défi le plus important de notre époque. D'excellentes solutions existent. Il ne manque plus qu'une chose, qui relève de la volonté politique : les appliquer à grande échelle.

De la cueillette à l'industriel

La façon dont nous nous nourrissons a radicalement changé depuis nos origines. Avec elle, notre mode de vie et notre environnement ont été transformés.

De la cueillette…

À l'origine, l'homme vivait de cueillette et de chasse. Nomade, il se déplaçait au gré de la disponibilité des ressources. Progressivement, il supprima d'immenses zones de forêt pour cultiver, domestiqua les animaux, trouva des méthodes de conservation des aliments et devint sédentaire. Avec un meilleur accès à la nourriture, les populations s'agrandirent, s'organisant en villes.

… à la « révolution verte »

La révolution industrielle du XIXe siècle, avec l'usage du pétrole ainsi que l'arrivée des moteurs à combustion et des industries chimiques bouleversa l'agriculture paysanne. Pour augmenter les productions, les plantes furent nourries d'engrais de synthèse et de produits phytosanitaires, pour supprimer tout ce qui peut freiner leur croissance. Les machines remplacèrent les humains sur d'immenses parcelles de cultures uniques (monocultures), lissées de tout obstacle – haies, fossés, arbres. Les cultures devinrent très abondantes. L'agriculture intensive était née.

Produits phytosanitaires

Membres de la grande famille des pesticides, ces molécules tuent (« cide ») les fléaux (« pesti »). Ces substances sont de synthèse (issues de la chimie) ou naturelles, et sont notamment utilisées pour protéger les cultures des insectes (insecticides), des « mauvaises herbes » (herbicides) ou des champignons (fongicides).

Le faux progrès

Afin de faire face aux prix toujours plus bas de la concurrence mondiale et, encouragés par les politiques publiques, les agriculteurs ont dû adopter en masse les nouvelles techniques agricoles pour produire et vendre plus. Aujourd'hui, les productions augmentent beaucoup moins, et l'on réalise que cette agriculture intensive, qui était considérée comme un progrès, a altéré notre santé, pollué et détruit les sols et la biodiversité.

Hangars et aliments plus énergétiques ont remplacé pâturages et herbe dans l'élevage industriel. Côté cultures, l'extrême est la culture hors sol, l'hydroponie, comme pour les salades ci-dessous.

Petit geste éco

Consomme autant que possible des produits venant d'agriculteurs proches de chez toi. C'est le meilleur moyen de les aider à vivre de leur métier. En route pour le marché !

Fais un gâteau… aux légumes de saison !

As-tu déjà goûté un gâteau aux légumes ? Prends une courge de saison (courgette en été, potiron ou autre en hiver) et hop, aux fourneaux !

- **700 g de courge de saison**
- **15 cl de lait**
- **100 g de sucre en poudre**
- **1 ou 2 sachet(s) de sucre vanillé**
- **150 g de farine**
- **3 œufs**
- **60 g de beurre**
- **Saladier**
- **2 casseroles : une grande et une plus petite**
- **Économe et presse-purée (ou moulinette)**
- **Moule (à manqué, si possible)**

1. Préchauffe le four à 180 °C. Épluche les courges, vide-les de leurs graines et cuis-les légèrement dans une casserole d'eau salée pendant 20 min. Les courges d'hiver auront besoin de plus de cuisson.

2. Fais fondre le beurre dans la petite casserole. Dans le saladier, mélange les œufs avec les sucres, la farine, le lait et le beurre fondu.

3. Égoutte bien les courges, puis passe-les au presse-purée.

4. Mélange les 2 préparations dans un moule et enfourne celui-ci 45 min à 180 °C.

Ton gâteau sera délicieux une fois bien refroidi.

Chimie et agriculture

L'agriculture intensive utilise sans modération engrais et produits chimiques sur d'immenses monocultures où l'on retourne la terre (labour). Quelles sont les conséquences sur l'environnement ?

Les essentiels

Pour grandir, une plante a besoin d'eau, de soleil, d'air et d'éléments nutritifs du sol, comme l'azote, le phosphore et le potassium.

Zoom sur une monoculture

Comprends mieux les problèmes posés par l'agriculture intensive en observant ce qu'il se passe dans une monoculture.

On laboure la terre, puis on l'asperge d'herbicides pour empêcher les plantes non désirées, les « mauvaises herbes », de prendre la place de la culture. Ensuite, des engrais de synthèse sont apportés aux plantes.

Les monocultures sont un garde-manger de choix pour les petites bêtes, appelées « ravageurs ». Pour les éliminer, différents insecticides et molluscicides (qui tuent les limaces) sont aspergés, chacun ciblant (en théorie) des espèces précises.

Les engrais font pousser les cultures, mais aussi les « mauvaises herbes ». À nouveau, on supprime celles-ci en rajoutant des herbicides (le glyphosate, par exemple).

Le vivant affecté

Ce mode de culture attaque gravement la biodiversité. Certains insecticides tuent les insectes pollinisateurs (comme les abeilles), nécessaires à la reproduction des plantes. Le DDT, aujourd'hui interdit, rendait la coquille des œufs des oiseaux trop fine, entraînant la disparition de ces derniers. D'un organisme ou d'un environnement à un autre, ces produits n'ont pas les mêmes actions. Certains sont détruits assez vite, d'autres restent longtemps intacts, s'accumulent dans les sols et les organismes.

Petit geste éco

À l'aide d'un guide (livre, application...), apprends à reconnaître les plantes appelées « mauvaises herbes ». Tu t'apercevras qu'elles ne méritent pas leur surnom : nombre d'entre elles sont comestibles ou ont d'étonnantes vertus.

La croissance importante des plantes crée à leur pied de l'ombre et de l'humidité... offrant un lieu de vie idéal pour des champignons microscopiques. Pour les éliminer, on a recours aux fongicides.

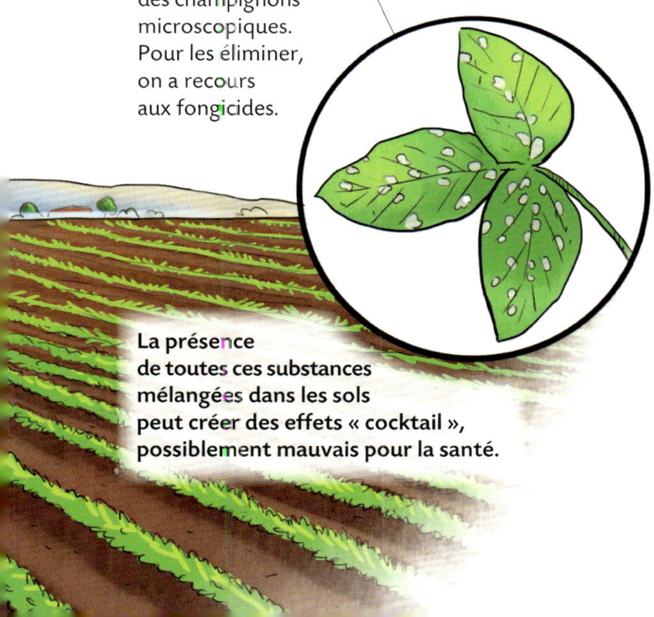

La présence de toutes ces substances mélangées dans les sols peut créer des effets « cocktail », possiblement mauvais pour la santé.

Les écosystèmes pollués

Les écosystèmes du sol sont modifiés sous l'action des produits, qui tuent certaines espèces et en favorisent d'autres. Le sol perd sa fertilité et ses propriétés. Lorsque la pluie tombe sur les terres mises à nu par le labour et les herbicides, elle emporte une partie de ces produits dans les rivières et les nappes phréatiques, déséquilibrant aussi les écosystèmes aquatiques.

Des conséquences imprévisibles

À force d'être exposés aux pesticides, les ravageurs y deviennent résistants, au risque de détruire à nouveau les cultures. Par l'eau, l'alimentation, l'air, nous sommes également exposés à ces produits qui portent atteinte à notre santé.

75 %

Dans des réserves naturelles d'Allemagne, la quantité d'insectes volants a diminué de 75 % en 27 ans, principalement à cause de l'utilisation de pesticides.

Le bio : un retour au naturel ?

Quand on parle de « bio », on pense à une agriculture paysanne qui n'utilise pas de produits de synthèse et respecte la santé, l'environnement et le climat. Dans cette idée, on a créé des labels, et le biologique est très vite devenu une mode… Mais attention : tous les « bios » ne se valent pas.

Petit geste éco

Assure-toi que ta maison ne contient aucune substance de synthèse (insecticides, herbicides, antibactériens) : ce sera meilleur pour la biodiversité… et pour ta santé !

Les légumes bio ne sont pas toujours beaux ou identiques les uns aux autres, mais ils sont bien meilleurs !

Le bio, c'est tendance !

Cela n'a pas pu t'échapper : le bio est à la mode. On en entend parler partout ! De plus en plus de gens prennent conscience que, pour préserver notre santé et celle de la planète, il est nécessaire de changer la manière de produire nos aliments et nos habits. Mais ce succès ouvre la porte aux abus. Alors, attention aux pièges !

Il y a bio… et Bio

Pour avoir le droit de mettre sur leurs produits le logo d'un label biologique, les fabricants doivent suivre certaines règles. Mais celles-ci sont plus ou moins strictes et respectées en fonction des labels. Si bien que, parfois, les produits ne sont pas meilleurs pour l'environnement et la santé que des non bio… bien que plus chers. Sur un produit issu d'une agriculture industrielle, par exemple, la mention « bio » n'a aucun sens.

La petite histoire du bio

L'idée d'une agriculture biologique est née dans les années 1920, en réaction au développement de l'agriculture intensive, pour défendre la conservation des pratiques paysannes qui respectent l'équilibre du vivant, sans recours à des produits de synthèse. Le bio rencontre le succès auprès des consommateurs à partir des années 1990.

Outre sur les marchés, il est possible de se procurer des légumes bio, locaux, meilleurs et moins chers par le biais d'une Amap (*voir* p. 109).

Quelques astuces pour éviter les pièges...

Voici quelques conseils pour t'aider à repérer les intrus dans le rayon bio du supermarché.

Le label AB est un de ceux dans lesquels tu peux avoir confiance.

Choisis les produits au label fiable, comme Agriculture biologique, ou d'autres aux règles plus strictes : Biopartenaire ou Nature et progrès. Certains fruits et légumes bio sont issus d'une agriculture intensive qui remplace simplement les produits qu'elle utilise par ceux autorisés en agriculture biologique.

Évite les fruits et légumes qui ne sont pas de saison et ceux emballés dans du plastique. Privilégie ceux qui sont produits près de chez toi.

Méfie-toi des produits qu'on essaie de faire passer pour bio par le biais d'un emballage ou d'un logo particuliers (« zéro résidu de pesticides », par exemple). N'oublie pas que « naturel » ne veut pas forcément dire « sain » : l'arsenic est naturel... et c'est aussi un poison mortel !

Fabrique un anti-pucerons bio

Tes plantes sont couvertes de pucerons ? Voici une préparation simple, saine pour ton jardin, qui te permettra de les faire fuir.

- **100 g d'oignons (ou d'ail)**
- **1 l d'eau (de pluie, de préférence)**
- **Bocal**
- **Linge propre ou filtre à café pour filtrer**
- **Pulvérisateur ou spray**

1. Avec l'aide d'un adulte, hache finement l'oignon puis mets-le dans le bocal. Ajoute l'eau.

2. Place le bocal au soleil durant 24 h (ou 48 h à l'air libre).

3. Filtre ta préparation et pulvérise-la sur tes plantes.

Attention ! Cette préparation ne se conserve pas et doit être utilisée dès qu'elle est prête.

Rétablir la biodiversité

L'agriculture est à la fois l'une des pratiques humaines les plus destructrices pour la biodiversité et l'une de celles qui peuvent le mieux la protéger. Les solutions sont simples : elles se trouvent dans la nature !

La menace de l'agriculture intensive

Cette agriculture met en danger la biodiversité, tant par son impact direct sur l'environnement (pollutions, dégradation des sols et destruction des habitats pour la monoculture) que par sa culture d'espèces sélectionnées pour leur productivité... au détriment de la diversité existante.

Il serait temps de stopper la déforestation, majoritairement due à l'agriculture. Chaque année, l'homme fait brûler des millions d'hectares de forêts pour y installer des monocultures ou des élevages.

On utilise dans les ruches seulement quelques espèces d'abeilles sélectionnées. Lorsque, dans les villes, les ruches sont trop nombreuses par rapport aux fleurs disponibles, la nourriture peut être insuffisante pour les espèces sauvages, ce qui participe à leur disparition.

Un coffre-fort de biodiversité

Il existe, dans l'archipel du Svalbard (Norvège), une réserve mondiale des semences. Elle contient, protégées dans une chambre forte souterraine, des graines de toutes les cultures alimentaires de la planète.

Sans biodiversité, plus de production

Sans ajout d'engrais ni d'eau, un sol mort ne produit rien. De même, la majorité des plantes à fleurs se reproduit grâce aux insectes pollinisateurs : sans eux, pas de fruits. Quant aux monocultures, elles sont fragiles et adaptées à peu d'environnements. Les plantes d'un champ y étant toutes identiques, le risque est grand de toutes les perdre en cas de problème.

Petit geste éco

Pour ton potager, utilise des graines de variétés prélevées dans les légumes bio du marché. Si tu dois en choisir en jardinerie, évite celles marquées « F1 » : elles ne donnent pas les mêmes plantes chaque saison... ce qui oblige à en racheter !

La clé, c'est la diversité

À chaque climat et chaque milieu sont adaptées des espèces, car, à l'inverse d'une monoculture, la nature est diversifiée : c'est ce qui fait sa force et sa résistance. Ainsi, recréer en agriculture des écosystèmes variés et équilibrés tels que la nature sait les faire, c'est obtenir des cultures à la fois productives, résistantes et durables !

Organismes génétiquement modifiés (OGM)

Il est possible de modifier directement l'ADN de certains organismes (plantes, bactéries...) pour leur donner une propriété nouvelle (fabriquer un pesticide, résister à un herbicide...) : ce sont des organismes génétiquement modifiés, ou OGM. Jusqu'à présent, aucun effet sur notre santé n'a été démontré, mais l'impact écologique négatif des monocultures, systématiques pour les OGM, est incontestable.

Remettre arbres, haies, talus et fossés autour des cultures crée des habitats pour la faune, de l'ombre et de l'humidité, tout en limitant le ruissellement des eaux polluées vers les cours d'eau.

Fais venir les pollinisateurs !

Il y a des manières simples d'attirer les pollinisateurs (abeilles, grands bombyles...) autrement qu'avec des ruches : offre-leur nourriture et habitat !

- Bannis les engrais et les produits phytosanitaires.
- Dans les endroits ensoleillés, laisse pousser (sans les couper) les plantes à fleurs là où elles apparaissent naturellement. Crée aussi le plus possible d'espaces de plantes à fleurs variées et adaptées au terrain, même petits.
- Laisse « à l'abandon » les tas de bois, de sable, de pierres, et même les petits espaces de sol sans goudron ni pavés : ce sont des lieux de nidification.

Avec l'aide des autres habitants, des associations et de la mairie, incite à la création de zones de ce type un peu partout dans ta commune.

Redonner vie aux sols

L'état des sols dans le monde est particulièrement inquiétant. Leur redonner vie est l'une des clés de l'avenir, pour produire durablement et lutter contre le réchauffement climatique.

17 juin
Journée mondiale contre la désertification et la sécheresse des sols

labour

De la dégradation…

L'agriculture intensive a dégradé le tiers des terres cultivées dans le monde. Le labour détruit l'écosystème du sol, attaquant ses premiers centimètres (dans lesquels se concentrent les bactéries indispensables à sa santé). Mis à nu, le sol n'est plus protégé par la végétation. Vents et pluies emportent avec eux la terre, ses nutriments et ses polluants : c'est l'érosion.

érosion

… à la mort

Sans couverture végétale, le sol sèche. L'eau s'évapore vite et les minéraux s'accumulent, pouvant le rendre si salé qu'il en devient incultivable (salinisation). Enfin, les lourdes machines agricoles le compactent : plus rien ne peut y circuler. Labouré, compacté, pollué, érodé, le sol finit par mourir.

salinisation

compactage

Oui à la permaculture !

Mode d'agriculture respectueux de la biodiversité et de l'humain, économe en énergie, en eau et en travail, la permaculture consiste à imiter le fonctionnement des écosystèmes naturels pour faire pousser des végétaux associés sur de petites surfaces. On applique le principe de la couche d'humus recouvrant le sol dans la forêt. Tout est réutilisé : les déchets d'une plante se transforment en ressource pour une autre. Fini, la destruction des sols ! Et tu peux très facilement la pratiquer dans ton potager, même sur un balcon !

La régénération

Produire de manière durable en protégeant les sols, en favorisant la biodiversité, en diminuant le besoin en eau et les produits de synthèse (ainsi que le carburant, en utilisant moins les machines)... c'est possible ! Quelques exemples de solutions :

Engrais verts

Ce sont des plantes que l'on sème entre les périodes de culture, pour fertiliser le sol et le garder couvert en permanence.

1. Remplacer le labour par un « grattage » du sol sur quelques centimètres seulement, ou en faisant du semis direct (semer sans travailler le sol dans de fines lignes de terre entre la végétation), tout en variant les cultures d'une année à l'autre (rotation culturale), avec des variétés diverses et résistantes.

2. Remplacer les engrais de synthèse et fortifier les cultures par du compost, des purins, des engrais verts, de l'urine, ou encore par la culture de légumineuses, qui fertilisent le sol.

3. Remplacer les produits phytosanitaires par la lutte biologique, comme le système « *push-pull* » : mettre dans les champs des plantes (desmodium, herbe à éléphant...) qui repoussent les ravageurs, et, aux extrémités, d'autres végétaux qui les attirent.

4. Protéger le sol de l'érosion en le couvrant (par de la paille, par exemple).

5. Associer les cultures à l'élevage (les déjections des animaux fertilisent les sols) ou à l'aquaculture.

6. Réimplanter des haies et des arbres, aménager talus et fossés.

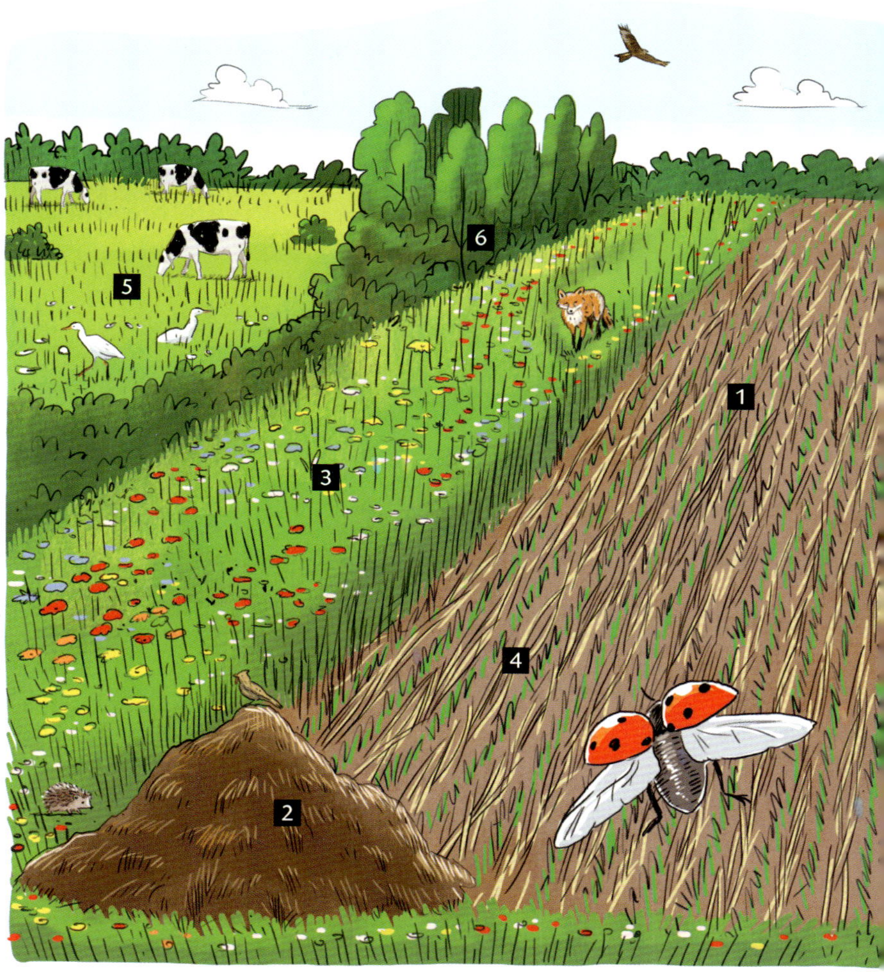

Petit geste éco

Mange des légumineuses (lentilles, pois chiches...). Combinées à des céréales, elles sont une source équilibrée de protéines. Bonnes pour la santé, elles enrichissent aussi naturellement les sols.

L'agriculture est responsable de 70 % des prélèvements d'eau des pays, en moyenne. La gestion de l'eau, collectée et stockée en permanence, est au cœur de la permaculture, particulièrement économe.

Repenser l'irrigation

Même si l'eau se renouvelle à l'infini, sa disponibilité est de plus en plus inégale : la faute à sa surexploitation, sa pollution et au réchauffement climatique. Vitale pour nous comme pour nos cultures, l'eau doit être préservée de toute urgence.

40 %

Il faut environ 40 % d'eau en moins pour produire des protéines végétales (légumineuses, céréales) que pour produire des protéines animales.

Moins d'eau disponible...

L'agriculture manque de plus en plus couramment d'eau, du fait des pluies moins fréquentes et des températures en hausse. Industries et villes, de plus en plus consommatrices, se servent dans les mêmes stocks que l'agriculture : lorsque ceux-ci ne se renouvellent pas assez vite, ils peuvent s'épuiser. C'est notamment le cas des eaux fossiles souterraines, les aquifères.

La riziculture pratiquée sans inondation peut réduire de 70 % l'utilisation d'eau et limite les émissions de méthane (un puissant GES) par les sols inondés.

... et plus de demande

La demande ne cesse d'augmenter car les populations s'accroissent et se tournent vers des régimes alimentaires à la production plus gourmande en eau : ceux comprenant plus de viande et de produits laitiers.

Petit geste éco

Toi aussi, tu peux agir pour diminuer l'utilisation de l'eau dans l'agriculture : en mangeant moins de viande et de produits laitiers, en t'habillant avec des vêtements d'occasion et en évitant le gaspillage.

Question de qualité

La qualité de l'eau est aussi primordiale. Or, plus l'eau se raréfie, plus les polluants et les sels se concentrent, et plus elle doit subir de traitements pour être utilisable.

S'adapter au manque

Produire plus avec moins d'eau, c'est le défi auquel est confrontée l'agriculture. Elle doit améliorer ses techniques, en contrant le gaspillage d'eau, par exemple avec l'irrigation au goutte-à-goutte ; en utilisant d'autres sources (comme les eaux de pluie stockées, les eaux usées ou même l'eau du brouillard) ; en cultivant des variétés de plantes qui consomment moins d'eau ; et en conservant mieux l'humidité dans les sols.

Un récupérateur d'eau de pluie installé près du jardin est une manière simple d'obtenir de l'eau pour l'irriguer !

Reconsidérer l'élevage

L'élevage fait débat entre les consommateurs de viande et ceux qui ont décidé de ne plus en manger. Qu'on soit pour ou contre, il faudrait se tourner vers un élevage respectueux des animaux et de l'environnement.

Les élevages de poules alternatifs à la batterie (bio, Label Rouge, plein air et sol) se développent de plus en plus.

L'élevage intensif : contre-nature

L'élevage intensif n'a qu'un but : produire toujours plus et plus vite. Les animaux sont enfermés dans de petits espaces où ils ne peuvent pas bouger, pour ne pas dépenser d'énergie. On leur donne des médicaments pour éviter les maladies, on fait faire des petits aux femelles (qu'on leur enlève et qu'on isole) pour qu'elles produisent plus de lait... Les animaux d'élevage ne sont plus vus que comme une source d'alimentation.

Petit geste éco

Les produits animaux utilisés dans les aliments préparés et certains restaurants sont souvent les moins chers, et donc issus de l'élevage intensif. Les chaînes de fast-food (McDonald's, KFC, Burger King...) sont les plus mauvais élèves. Boycotte-les, renseigne-toi sur ce que tu manges et, mieux, cuisine toi-même avec tes proches !

Danger pour l'environnement

Les déjections des animaux (contenant azote, médicaments et produits chimiques de leur alimentation) rendent acides et déséquilibrent les cours d'eau, jusqu'à tuer les écosystèmes aquatiques. Rots, pets et fumier des ruminants produisent aussi des GES. Avec la production et le transport de son alimentation, l'élevage est responsable de 14,5 % des émissions de GES dans le monde. Enfin, lorsqu'ils sont trop nombreux à manger la végétation au même endroit, les animaux peuvent la faire disparaître, dégradant les sols.

On nourrit les bêtes d'aliments très énergétiques, loin de leur alimentation naturelle, afin de produire plus.

Respecter les conditions de vie naturelles des animaux devrait être une évidence.

La déforestation pour l'élevage

L'alimentation des élevages nécessite de considérables quantités de nourriture. Dans le monde, $^1/_3$ des terres cultivables sont utilisées pour l'élevage : c'est la principale cause de déforestation. Ainsi, au Brésil, la culture du maïs et du soja entraîne la destruction de la forêt amazonienne.

Bonne idée ?

Les méthaniseurs (*voir* p. 59) produisent électricité et engrais, et apportent un revenu supplémentaire aux agriculteurs. Le risque est cependant qu'ils ne soient nourris que de déchets pollués, dangereux une fois répandus sur les terres, ou qu'on ne cultive que pour les alimenter.

L'élevage durable

Pratiqué correctement et avec respect, l'élevage adapté aux conditions de vie naturelles de l'animal lui permet de mieux vivre et présente d'autres avantages : fertilisation des terres par le fumier, diversification des paysages et des écosystèmes... Dans certains pays, l'élevage est la seule source de nutriments indispensables. S'il était arrêté, les races « sélectionnées » viendraient à disparaître, tout comme les produits laitiers, les œufs, le cuir... La solution est de réduire fortement la consommation de ces produits et de s'assurer de la qualité (non intensif, local) de ceux qu'on achète.

La présence de ruminants (vaches, chèvres...) dans les montagnes permet de sauvegarder les prairies et leur biodiversité.

Réapprendre à se nourrir

Une grande partie des aliments de supermarché sont mauvais pour notre santé et pour l'environnement, et appauvrissent les agriculteurs. En changeant notre manière de nous nourrir, nous pouvons agir sur ces 3 points à la fois !

Le meilleur moyen de conserver tous les bienfaits des légumes et des fruits, c'est de les manger bio, crus et sous forme solide. Mieux vaut croquer une pomme que de boire son jus !

Des aliments ultratransformés

Ils ont envahi nos supermarchés et sont la base du fast-food. Reconstitués par les industries agroalimentaires à partir de bouts d'aliments (provenant d'une technique que l'on nomme le « *cracking* ») auxquels on ajoute de nombreuses substances (pour améliorer leur apparence et leur goût), ils sont responsables d'« épidémies » d'obésité, de diabète, de cancers, de maladies cardiaques et digestives…

Les additifs alimentaires

Ces molécules, souvent de synthèse, sont ajoutées par les industriels pour conserver, « améliorer » les produits (goût, texture, couleur, odeur) ou masquer leur mauvaise qualité. Ils sont indiqués sur les paquets par un « E » suivi de 3 chiffres, type E965, ou bien par leur nom complet, comme le maltitol. En plus d'être mauvais pour notre santé, ces aliments favorisent l'agriculture intensive et les industries chimiques.

Les céréales du petit-déjeuner font partie des aliments les plus transformés et les plus sucrés.

Trop sucré, trop salé, trop gras

Parce qu'ils coûtent moins cher, adoucissent leur goût et rendent les consommateurs dépendants, on ajoute dans les aliments transformés sucres (glucose, fructose, dextrose, sorbitol…), sel et gras.

Chasse les aliments mutants !

Apprends à identifier les produits trop transformés pour mieux les éviter.

Observe ton aliment ou ta boisson

Il y a de fortes chances pour que ce soit un produit ultratransformé :

❑ s'il contient plus de 4 ingrédients ;

❑ s'il est prêt à être mangé sans être cuisiné (céréales, plats préparés, soupes, conserves et surgelés...) ;

❑ si son emballage indique qu'il est riche en quelque chose, en vitamines par exemple ; cela signifie qu'on en a ajouté à la préparation.

Méfie-toi des faux amis !

❑ « Bio » ne veut pas dire « non transformé » et sans additifs alimentaires. Lis toujours la liste des ingrédients !

❑ Certains produits nocifs utilisés par les industries agroalimentaires ne sont pas indiqués sur les emballages. Les huiles, par exemple, subissent des traitements qui peuvent les rendre mauvaises pour notre santé.

❑ Un jus est forcément transformé, mais certains sont pires que d'autres. Préfère-les « 100 % pur jus ».

L'étiquette d'une huile non transformée doit indiquer « huile vierge, première pression à froid ».

❑ Farine, sucre, pâtes, riz, blé... sont transformés. Assure-toi qu'ils sont « complets » et bio.

❑ Le miel est très souvent transformé (on y ajoute du sirop de glucose) et, dans certaines industries, produit en tuant les abeilles. Rien ne vaut celui d'un apiculteur local !

Le sel peut contenir des additifs, pour éviter qu'il s'agglomère.

Vérifie, tout simplement

Avec tes parents, regarde si les additifs de tes aliments sont mauvais ou non sur des sites spécialisés ou des applications, comme Open Food Facts ou la célèbre Yuka, qui dit pour chaque produit s'il est bon ou non pour la santé.

Le plus simple pour éviter les aliments trop transformés : faire les courses au marché !

Petit geste éco

Cuisine avec ta famille en n'utilisant que des aliments simples : on peut presque tout faire soi-même (y compris les biscuits, les yaourts et le pain) !

Stop au gaspillage !

Chaque année, le tiers de la nourriture que nous produisons finit à la poubelle, gaspillant aussi les ressources qui ont servi à produire ces aliments, sans compter la pollution générée… pour rien.

Trop de gâchis !

Dans les pays moins développés, la perte des aliments se fait principalement au moment des récoltes et du stockage, par manque de moyens. Chez les plus riches, elle est plutôt due au gaspillage. On produit trop puis on jette : les aliments à l'apparence imparfaite, ceux proches de leur date de péremption, ou encore les restes de repas.

Petit geste éco

Pour éviter le gaspillage à table, sers-toi uniquement ce que tu vas manger, et apprends avec ta famille à n'acheter que le nécessaire, à conserver les aliments et à cuisiner les restes.

Les dates de péremption

Il en existe 2 types, qui portent souvent à confusion.

- Date limite de consommation (DLC) : indiquée par la phrase « À consommer jusqu'au... », elle concerne les produits frais dans lesquels les bactéries peuvent facilement se développer. Elle informe d'un danger.
- Date de durabilité minimale (DDM) : signifie qu'à partir de la date inscrite, le produit perd en qualité (goût, nutriments), sans pour autant être dangereux. La mention liée est « À consommer avant... » ou « de préférence avant... ».

Changeons nos mentalités

Si nous en sommes venus à jeter autant d'aliments, c'est parce que nous refusons d'acheter et de manger des légumes biscornus, des aliments proches de leur péremption ou dont le paquet serait abîmé. Ils ont pourtant le même goût !

Les solutions existent

De belles initiatives ont été mises en place pour lutter contre le gaspillage : des frigos solidaires, où chacun peut déposer et prendre gratuitement de la nourriture ; des magasins qui ne vendent que des produits à la date de péremption dépassée, comme Nous anti-gaspi ; des applications comme Too Good To Go pour acheter à bas prix les invendus des commerçants proches...

Les bénévoles de Disco soupe cuisinent des soupes géantes de légumes invendus et les offrent aux passants.

Reconnais les aliments qui ont tourné

Quand les micro-organismes se sont trop multipliés dans un aliment, celui-ci n'est plus comestible et présente donc un risque. Apprends à reconnaître ces aliments !

- **Aliment cobaye (trognon de pomme ou cuillère à café de confiture, par exemple)**
- **Bocal en verre**
- **Feuille de papier et crayon**

1. Note sur la feuille l'aspect et l'odeur de ton trognon de pomme, puis place celui-ci dans le bocal, que tu refermes ensuite.

2. Sans l'ouvrir, observe et note au fil des jours ce qu'il se passe à l'intérieur du pot, ainsi que l'aspect du couvercle.

3. Lorsqu'une bosse s'est créée sur le couvercle, ouvre le pot dans un endroit silencieux. Tu as entendu le bruit du gaz qui s'échappe ? Il est produit par les micro-organismes qui se sont multipliés en mangeant le trognon.

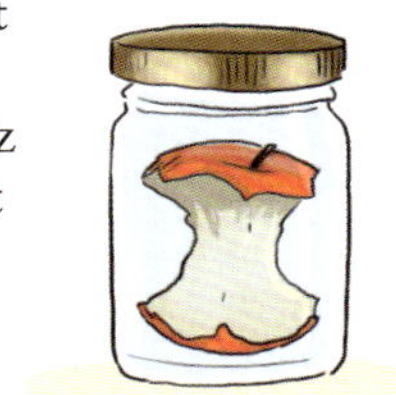

4. Sens et observe l'aliment cobaye. Il n'a plus la même odeur et tu peux y voir des points blancs, des taches noires ou colorées, ou encore des filaments : ce sont des colonies bactériennes ou des champignons. Ton trognon n'est donc plus bon.

À part pour les aliments naturellement fermentés et les boissons pétillantes, si ton aliment a produit du gaz, il faut le jeter ; même chose si son odeur a changé. En revanche, si tu observes juste de petites taches sur les fruits, les légumes ou autres aliments solides, enlever la zone abîmée est souvent suffisant : les bactéries ne se déplacent que sur des distances microscopiques, ou dans des milieux liquides.

Redonner leur place aux agriculteurs

Alors que, sans eux, nous ne pourrions pas vivre, les agriculteurs et les pêcheurs comptent parmi les populations les plus pauvres. Il est vital, pour notre avenir à tous, de leur redonner les moyens de travailler et de vivre correctement.

Entre les machines agricoles et le carburant, les semences, les engrais chimiques, les produits phytosanitaires et la nourriture pour le bétail, les agriculteurs croulent sous les dépenses.

Des prix mondiaux

Les premières victimes de l'agriculture industrielle et du commerce alimentaire mondial sont les agriculteurs eux-mêmes. Les prix de vente ne dépendent pas de leur travail, mais sont décidés au niveau mondial… toujours au plus bas. Afin de survivre, les agriculteurs tentent de produire plus et empruntent pour acheter des machines extrêmement chères qui feront le travail de plusieurs hommes. Mais, malgré un travail incessant, ils ne gagnent pas assez pour rembourser.

Une situation dramatique

Endettés, isolés, accusés d'abîmer la terre et notre santé, obligés de produire toujours plus tout en subissant le changement climatique de plein fouet, les agriculteurs travaillent énormément pour gagner bien peu. Nombreux sont ceux qui, à bout de souffle, en finissent avec la vie : en France, 2 agriculteurs se suicident chaque jour.

Une politique à contresens

Les aides financières européennes augmentent avec la taille des exploitations et des productions : elles favorisent ainsi l'agriculture intensive. De même, les accords de libre-échange entre pays, comme le CETA entre le Canada et l'Union européenne, incitent à la compétition alimentaire mondiale en diminuant les coûts d'entrée des produits dans les pays. Les produits locaux se retrouvent bien plus chers que ceux venant de l'autre bout du monde (qui ont bien plus pollué).

Aidons les agriculteurs

Nous avons tous un rôle à jouer. Les politiques, d'abord : en taxant les produits qui viennent de loin ; en favorisant les petits agriculteurs, la qualité (et non la quantité), le local et le respect de l'environnement ; en offrant à chaque agriculteur un vrai accompagnement pour l'aider à pratiquer une agriculture durable. Nous, consommateurs, pouvons aussi boycotter notamment les supermarchés et acheter le plus directement possible aux producteurs.

2/3

2 personnes sur 3 souffrant de la faim dans le monde sont des agriculteurs, des éleveurs, des pêcheurs et des membres de leurs familles.

Revaloriser leur métier

Si politiques et consommateurs aidaient les agriculteurs, ces derniers pourraient retrouver leur place centrale dans la société, gagner correctement leur vie, embaucher, et jouir à nouveau de leur beau métier.

Petit geste éco

Avec tes camarades d'école, demande que la cantine utilise des produits locaux et bio. Grâce à vous, les agriculteurs locaux auront du travail, ce sera un grand pas pour protéger l'environnement, et vous pourrez manger des aliments sains et bien meilleurs !

Acheter ses légumes directement à des producteurs locaux ne coûte pas forcément plus cher, et c'est un réel bénéfice pour l'agriculteur, qui touche l'intégralité de l'argent.

L'économie mondiale est pensée dans des grandes villes… Si la nature y était plus présente, pourrait-on (enfin) envisager de réconcilier économie et écologie ?

ÉCONOMIE ET ÉCOLOGIE

Le fonctionnement de notre économie – c'est-à-dire la manière dont nous produisons, commerçons et consommons – aboutit à une destruction massive de l'environnement. Le réchauffement climatique nous rappelle l'urgence de la situation : il faut changer notre modèle économique sans plus attendre.

Une économie anti-écologique

En quelques décennies, l'humain a pollué plus que durant tout le reste de son histoire. La première responsable est notre économie, basée sur la croissance… quand les ressources de la Terre décroissent et s'épuisent.

Au début du XXe siècle, le fordisme initie le travail à la chaîne dans le secteur automobile. En l'espace d'une année, on parvient à fabriquer une voiture Modèle T en 1 h 30 au lieu de 12. C'est le début de la production et de la consommation de masse.

Un bouleversement industriel

Le XIXe siècle vit apparaître l'utilisation du pétrole, de l'électricité, le développement des transports et des communications, de la chimie et des machines. Avec ces nouveaux outils, la révolution industrielle transforma l'économie agricole et artisanale en économie commerciale et industrielle. L'humain se mit à produire en masse, à créer sans cesse de nouvelles technologies, à commercer avec le monde entier… Une nouvelle économie, le capitalisme, fut rapidement adoptée par la plupart des pays.

Capitalisme

C'est un système économique où l'État intervient très peu : la création d'entreprises ainsi que la production et la vente de biens et de services sont gérées librement par les citoyens, et c'est la concurrence qui détermine les prix

En France comme dans la majorité des pays, l'économie est de type capitaliste.

L'environnement oublié

Grâce à l'économie capitaliste, des pays s'enrichirent et leurs populations acquirent un meilleur niveau de vie. La croissance des productions et des richesses (le PIB, produit intérieur brut) devint la référence pour évaluer la santé d'un pays. Mais l'impact sur l'environnement n'a jamais été pris en compte, alors que ce dernier était pillé, pollué, détruit par cette course économique effrénée.

Il y a eu autant d'émissions de GES dues à l'homme en 40 ans (entre 1970 et 2010) qu'en plus de 2 siècles !

L'environnement blessé

Aujourd'hui, nous payons le prix de cet oubli. Il semble difficile de revenir en arrière, de freiner le réchauffement climatique, de réparer la perte des écosystèmes et de bousculer ce système économique qui profite aux plus riches et appauvrit les plus pauvres. Créer une nouvelle économie, respectueuse de l'environnement et de l'être humain, est pourtant possible : partout, des initiatives le prouvent.

Petit geste éco

Tu ne mets plus certains vêtements ? Donne-les autour de toi et à des associations comme Emmaüs ou la Croix-Rouge, ou à une « donnerie » locale. Et quand à ton tour tu auras besoin d'habits, adresse-toi à elles en premier !

Crée une « donnerie » !

Chacun possède des objets qu'il n'utilise plus et qui feraient le bonheur d'autres personnes. La « donnerie », lieu où chacun peut donner ce type d'objets et en prendre gratuitement, permet de leur offrir une seconde vie, et de partager des moments chaleureux. S'il n'en existe pas déjà près de chez toi, crée la tienne !

Avec tes proches, va voir la mairie ou les responsables de ton école pour qu'ils vous aident à trouver un lieu. Peut-être ne pourras-tu créer qu'une boîte à lire, pour échanger des livres, mais c'est déjà une belle initiative !

Mondial ou local ?

Avec les progrès des transports et des communications, et le passage facilité des frontières, l'économie est devenue mondiale. Si cette mondialisation présente certains avantages, ses conséquences sur l'environnement sont néfastes.

Pour réduire son impact, rien de tel que le local !

La loi de l'argent

La mondialisation permet à tous de découvrir les cultures et les produits des autres pays. Mais, associée à l'économie capitaliste, elle conduit à des non-sens. Car c'est la possibilité de s'enrichir qui détermine les choix, plutôt que d'autres paramètres, comme l'impact sur l'environnement. Ainsi, l'avion est parfois moins cher que le train, qui pollue moins. De la même façon, on importe des produits venus de loin – meilleur marché – quand on en fabrique juste à côté de chez soi.

La délocalisation

Grâce à la mondialisation, bon nombre d'entreprises déplacent leur production vers des pays où elle leur coûte moins cher. Cette délocalisation implique du travail et de la richesse en moins pour le pays de l'entreprise, et des savoir-faire qui se perdent. Dans le pays de production, les abus vont bon train : exploitation des enfants, conditions de travail exécrables, salaires de misère et pollution.

Covid-19 et mondialisation

En spécialisant les productions de chaque pays, la mondialisation rend les États dépendants les uns des autres. C'est une des failles soulignées par la pandémie de Covid-19 en 2020 : alors que la France manque de masques d'avance et d'outils de dépistage, difficile pour elle de s'en procurer auprès de son principal producteur, la Chine, dont les activités sont freinées par la lutte contre le virus.

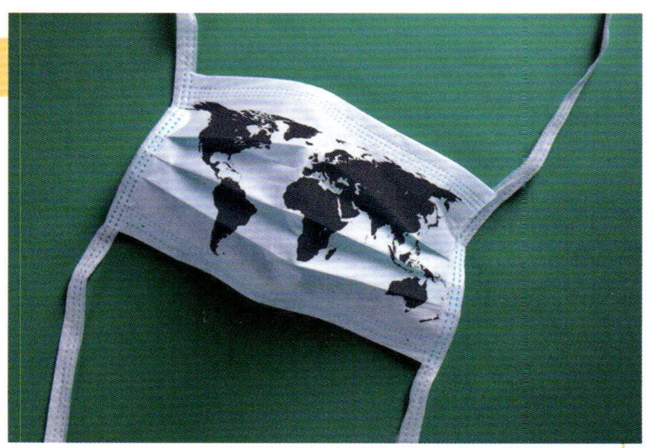

Retour au réel

Les prix, déconnectés de la réalité, sont décidés au niveau mondial selon l'offre et la demande, et non en fonction de la valeur réelle des choses. Il en va ainsi pour tout ! Pour payer un prix plus proche du réel, il faut consommer local : lors d'un achat direct au producteur ou au fabricant, l'argent dépensé n'alimente pas un commerce mondial, mais rémunère directement le commerçant.

Si les prix incluaient les dommages causés à l'environnement, le pétrole et le plastique deviendraient si chers que l'on s'empresserait de trouver des solutions alternatives plus propres !

Petit geste éco

Le monde de la finance (celui où se jouent les échanges d'argent) est très opaque : loin de la réalité de la vie, on y fait des choix économiques dans le seul but de s'enrichir. S'emparer de ce sujet qui peut faire peur, à l'aide de livres et de vidéos, c'est comprendre comment le système fonctionne pour mieux agir contre ce système, tout en devenant responsable !

Ton livre de recettes de saison

À créer avec tes amis ou ta classe, pour savoir quoi cuisiner en toute saison… avec des produits locaux !

- **Grand cahier vierge**
- **Feutres, stylos**

1. Répartis les participants sur les 4 saisons : chacun doit trouver une recette de la saison qui lui aura été attribuée.

2. Chaque participant interrogera ses proches pour trouver une recette utilisant des ingrédients locaux et de saison. Choisissez des recettes variées et amusez-vous, par exemple, à adapter des recettes d'autres pays !

3. Rassemblez vos recettes dans le cahier. Puis mettez-les en ligne, sur un blog par exemple. Ainsi, elles seront accessibles à tous, partagées et pourront être imprimées au besoin. Et régalez-vous !

Stop aux déchets !

Notre économie est basée sur le productivisme, le fait de produire le plus possible pour créer de la richesse en permanence. Cette production de masse génère donc… des déchets en masse.

Bouteilles, emballages, mouchoirs, stylos, assiettes, couches, brosses à dents, cotons démaquillants, masques, briquets, rasoirs… rien de tel que le jetable pour inciter à racheter encore et encore. Pour chacun de ces objets, il existe une alternative réutilisable !

La vente de masse

Si l'on produit en masse, il faut vendre en masse et créer une société de consommation. Pour cela, les entreprises n'hésitent pas à employer des méthodes peu recommandables : publicité mensongère ; manipulation des foules (propagande) ; création des « modes » ; fabrication de produits moins durables (obsolescence programmée) ou jetables, qui rendent obligatoire le rachat.

Petit geste éco

Participe au défi « Rien de neuf » de Zero Waste France pour apprendre comment limiter au maximum tes déchets ! Inscris-toi (avec tes parents) sur riendeneuf.org.

Des déchets à la pelle

Tout ce qui est produit finit par être jeté, plus ou moins vite : des milliards de tonnes de détritus sont ainsi produites chaque année dans le monde, et plus de 8 millions de tonnes de déchets plastiques se retrouvent dans les océans… soit plus de 200 kg chaque seconde. Pendant ce temps, 17 millions de barils de pétrole sont utilisés pour la production de nouveaux produits en plastique En France, 2 déchets récoltés sur 3 finissent en fumée ou enterrés, polluant au passage air, sol et eau.

Envoyés en Asie ou en Afrique pour être « recyclés », bon nombre de nos déchets électroniques et plastiques finissent dans des décharges à ciel ouvert, où ils polluent les sols et intoxiquent habitants et travailleurs qui récupèrent des matériaux à mains nues.

Tous au zéro déchet !

Le recyclage est indispensable et doit concerner le plus grand nombre possible de déchets. Mais il est loin d'être la solution idéale : rares sont les matériaux recyclables à l'infini. La plupart des produits fabriqués avec des matériaux recyclés contiennent nécessairement du neuf et utilisent de nouvelles ressources. Enfin, le recyclage, comme toutes les autres méthodes de gestion des déchets, utilise de l'énergie et des traitements chimiques, et... pollue. Le meilleur déchet reste donc celui qu'on ne produit pas !

Sauveur-nettoyeur

En te promenant, si tu trouves des bouteilles ou des canettes abandonnées, renverse-les : des petites bêtes y sont peut-être piégées (car leur surface est trop glissante pour que les insectes puissent en ressortir).

Par la même occasion, ramasse-les et assure-toi de les jeter dans la bonne poubelle.

La fin de la destruction du neuf

La fast fashion et la vente de masse en ligne nécessitent des stocks importants pour répondre au plus vite à la demande des consommateurs... La destruction des invendus, moins chère que le stockage ou qu'un renvoi chez leur lointain fabricant, est bien trop fréquente. Heureusement, la loi antigaspillage s'étend à présent à ces produits, et oblige les entreprises à les donner ou à les recycler au lieu de les jeter.

2 ans

Nous changeons notre téléphone en moyenne tous les 2 ans... souvent alors qu'il fonctionne encore. Très peu des matériaux le composant sont recyclés, un véritable gâchis de ressources rares !

L'industrie de la mode, en changeant ses collections parfois toutes les 2 semaines, produit des montagnes d'habits qui seront détruits encore neufs pour laisser place aux suivants : c'est la fast fashion.

Vers les basses technologies ?

Bien trop souvent, on se dit que la science et les nouvelles technologies sont la réponse à tous nos problèmes. Mais ces « high-tech » demandent des ressources rares et leur complexité rend leur recyclage extrêmement difficile. Et si on essayait au contraire… de faire plus simple ?

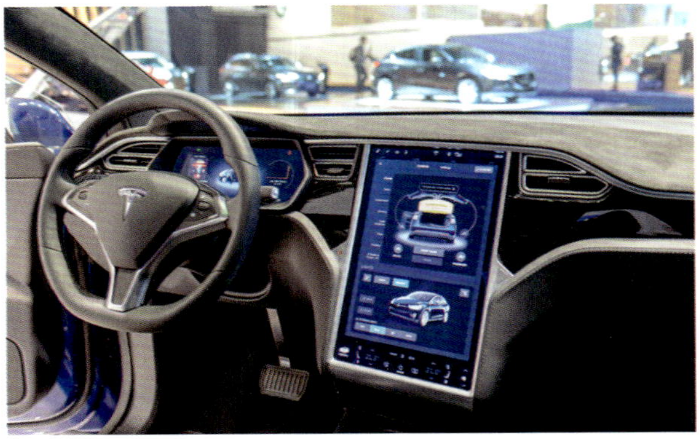

Petit geste éco

Pourquoi ne pas essayer de mettre en place du « low-tech » chez toi ? Utilise la base de données du Low-tech lab, à retrouver sur wiki.lowtechlab.org !

Les voitures, aujourd'hui bourrées d'électronique, ne peuvent plus être réparées à la maison. C'est le cas de la plupart des objets de haute technologie.

Une pratique insensée

Pour continuer à vendre, certains industriels rendent leurs produits moins durables : c'est l'obsolescence programmée. Ainsi une pièce électronique, moins solide que les autres, déclenchera une panne précoce dans un appareil, dont la réparation coûtera plus cher qu'un produit neuf. De même, on fabrique, par exemple, des collants qui se filent et des ampoules à courte durée de vie quand on sait parfaitement les faire résistants.

Changer d'approche

Nos sociétés sont dépendantes des nouvelles technologies. Si, du jour au lendemain, nous n'avions plus d'électricité ou d'Internet… elles s'écrouleraient ! Il est temps de réfléchir à des manières de vivre qui impactent le moins possible notre environnement, sans le tout technologique et le tout électrique.

De 2015 à 2021, Corentin de Chatelperron, de l'association concarnoise Low-tech lab, a fait le tour du monde sur un bateau-laboratoire, le *Nomade des mers*, pour découvrir et expérimenter plus de 40 innovations « low-tech » du monde entier !

Faire simple

La basse technologie, ou « low-tech », s'oppose à la high-tech et propose des technologies, services et savoir-faire utiles, simples et utilisant peu de ressources. Accessibles à tous, ces objets sont anti-obsolescence programmée, et conçus pour être durables, facilement réparables et recyclables (écoconception). Penser « low-tech », c'est aussi adopter un mode de vie plus sobre et proche de la nature, moins matérialiste, avec plus de partage, où l'on réapprend à fabriquer des choses soi-même.

Dans les lieux dédiés à redonner vie aux objets, comme les « Repair cafés », on apprend à réparer, et on partage dans la convivialité les savoirs des uns et des autres.

Fabrique un four solaire

Le four solaire est un moyen non polluant et simple de cuire des aliments. Son développement dans les pays pauvres, où la principale source de pollution est la combustion de bois et de pétrole pour se chauffer, s'éclairer et cuisiner. Fabrique le tien !

- **Cocotte avec un couvercle noir**
- **Boîte en carton pouvant contenir la cocotte**
- **Boîte en carton plus grande que l'autre**
- **Matière isolante (boules de papier, couverture... Évite le polystyrène, très polluant)**
- **Papier aluminium épais**
- **Vitre**
- **Colle**
- **Gants**

1. Colle le petit carton au centre du grand.

2. Remplis d'isolant l'espace entre les 2.

3. Avec la colle, tapisse d'aluminium les parois intérieures de la petite boîte.

4. Place dans la cocotte les ingrédients que tu veux faire cuire (par exemple : eau, légumes, sel, viande), ferme-la et place-la dans ton four en plein soleil.

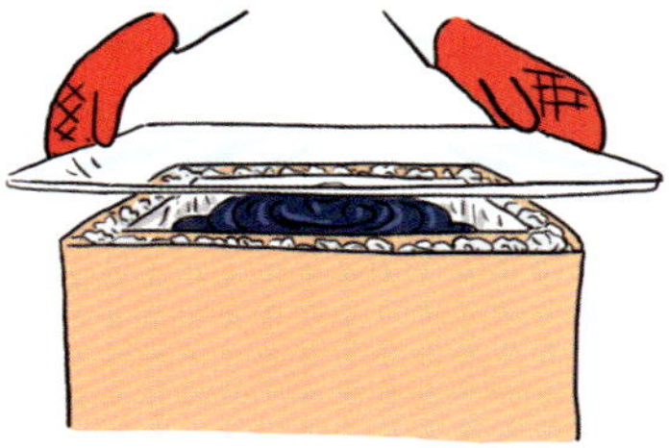

5. Recouvre avec la vitre (à ne jamais manipuler sans gants) et patiente quelques heures. La cuisson sera lente et douce !

Écolos, les réseaux ?

Omniprésent dans nos vies, le numérique prend chaque année plus d'importance. Notre économie, déjà dépendante de lui, se rêve 100 % dématérialisée, oubliant que les équipements numériques sont énergivores, polluants et composés de matériaux non recyclables en voie d'épuisement.

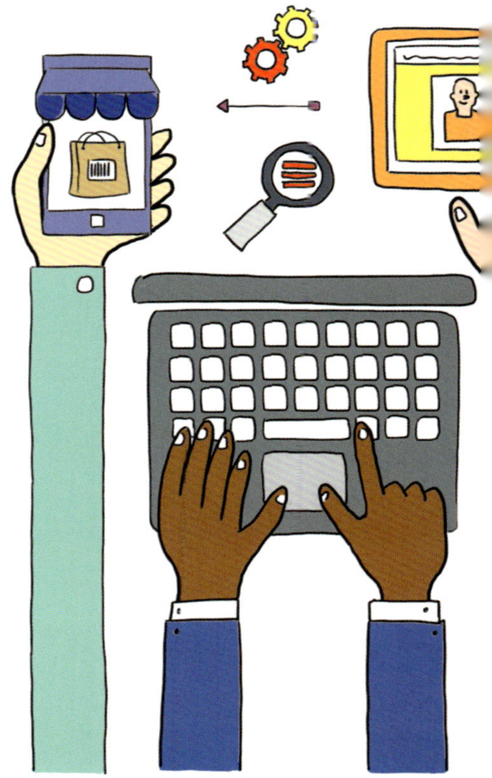

Une pollution bien réelle

Internet nécessite un réseau informatique : une machinerie tentaculaire très énergivore qui gère la conservation et la circulation des données échangées (textes, photos, vidéos...). Une simple recherche en ligne activera ainsi *data centers*, serveurs, routeurs, antennes relais, voire satellites... Au total, le numérique génère 3,8 % des émissions mondiales de GES.

Trop de données

Principal responsable de la consommation énergétique du numérique, le flux mondial de données ne cesse d'augmenter. Le visionnage de vidéos en ligne, ou *streaming*, représente 60 % de ce flux et a généré près de 1 % des émissions mondiales de GES en 2018.

Le commerce numérique

Si pratique, il est à l'origine d'une forte augmentation de la circulation routière et de la pollution associée. Et pour respecter l'engagement d'une livraison en 24 heures, nombre de camions circulent pratiquement vides...

Les *data centers* contiennent des équipements informatiques qui conservent les données de manière sécurisée. Alimentés électriquement et climatisés en permanence, ils sont responsables de 19 % de la consommation énergétique du numérique.

Petit geste éco

À la maison, partagez autant que possible les mêmes outils numériques (ordinateur, TV…). Il n'est souvent pas nécessaire d'en avoir un chacun !

Diminuer son impact numérique

Voici 5 conseils donnés par Green IT, un collectif engagé pour un numérique écoresponsable, pour diminuer l'impact numérique d'une famille.

- **Soyez plus sobres :** dotez-vous des équipements numériques strictement nécessaires, si possible en les louant ou en les achetant d'occasion ou reconditionnés.
- **Pensez plus durable :** conservez les objets numériques le plus longtemps possible en les entretenant et en les faisant réparer. La fabrication et la destruction du numérique sont d'importantes sources de pollution !
- **Soyez plus économes :** éteignez la box Internet et le récepteur TV quand vous ne les utilisez pas.
- **Conservez plus local :** stockez le moins de données possible sur Internet (dans le *cloud*), en les gardant plutôt sur la mémoire de votre ordinateur ou sur un disque dur externe.
- **Privilégiez moins d'écrans et de flux :** évitez les vidéos en ligne, privilégiez un DVD ou la TNT. Téléchargez les vidéos plutôt que de les regarder en ligne plusieurs fois. Et si le *streaming* est inévitable, diminuez la résolution (qualité visuelle) des vidéos visionnées. Pour la musique, préférez aux clips vidéos CD, vinyles ou plateformes dédiées.

La 5G

Promesse d'un futur hyperconnecté, la 5G (5e génération de communications mobiles) est une catastrophe écologique : elle nécessite la fabrication de toute une flotte d'équipements compatibles (menaçant ressources et « vieux » équipements), et augmente considérablement le flux de données et la consommation énergétique du numérique (un équipement 5G consomme 3 fois plus qu'un 4G).

Pour compenser l'impact écologique d'un smartphone, il faudrait 232 ans ! La coopérative Commown propose à la location des téléphones plus éthiques, réparables et durables, les *fairphones*. Même si l'idéal… est de ne pas avoir du tout de smartphone.

Les banques font partie des plus gros investisseurs en énergies fossiles. Or leur argent… est celui de leurs clients !

Investir dans le « vert »

L'argent, moteur de changement, ne manque pas pour modifier le système… mais il n'est pas investi au bon endroit. Mieux utilisé, il pourrait conduire à un pas de géant pour l'écologie.

De l'argent, mais pas pour l'environnement

Les grandes entreprises peuvent choisir de soutenir des projets avec leur surplus d'argent. Ces investissements sont souvent choisis selon ce qui rapporte le plus... et sont rarement « verts », c'est-à-dire visant à protéger l'environnement.

125 milliards d'euros

Entre 2016 et 2018, l'investissement dans les énergies fossiles est monté jusqu'à 125 milliards d'euros pour les banques françaises BNP Paribas, Société générale, Crédit agricole et Natixis

Une question de choix

En 2019, 65 milliards d'euros ont été investis en France dans des énergies fossiles, contre 45 dans la transition énergétique. La France doit diminuer ses émissions de GES. Pour y parvenir, il lui faudrait injecter dans cette cause 15 à 18 milliards supplémentaires chaque année. Il suffirait pour cela que les entreprises investissent davantage dans le « vert » !

Investir pour prévenir

Il est bien moins coûteux d'œuvrer pour la protection des écosystèmes que de réparer les conséquences de leur détérioration. En témoigne le coût, essentiellement en santé, de la pollution de l'air : plus de 100 milliards d'euros par an rien qu'en France.

Motiver par l'argent

Pour inciter les entreprises à préférer les investissements verts (rénovation énergétique des bâtiments, moyens de transport propres...), une bonne solution est de toucher à leur portefeuille : par des récompenses ou des punitions financières (taxes), en fonction de leur impact environnemental. Une taxe sur le carbone existe déjà dans certains pays (dont la France), mais pas chez les plus gros pollueurs, comme les États-Unis ou la Chine... et elle est encore insuffisante pour avoir de réels effets.

La rénovation énergétique des bâtiments est un excellent investissement pour la planète, et pour les occupants du logement : elle permet d'importantes économies de chauffage.

Petit geste éco

Tu veux investir dans le « vert » ? Cela ne passe pas forcément par l'argent ! Il te suffit d'agir. Par exemple, en appliquant les petits gestes écologiques de ce livre, tu t'engages pour un monde plus vert !

Des pollueurs favorisés

Dans de nombreux pays, d'importantes aides financières (des subventions) des États favorisent les énergies fossiles en réduisant, par exemple, les coûts payés par ceux qui les produisent. Sans la suppression de ces aides et un encouragement à utiliser des énergies plus propres, il semble difficile de progresser dans la préservation de l'environnement.

plateforme pétrolière

Les bons investisseurs

En écologie, les pays nordiques sont souvent pris pour exemples. La Suède possède la transition écologique la plus avancée d'Europe, avec 54 % d'énergies renouvelables, une politique qui pousse aux investissements verts, et la plus forte taxe carbone du monde. Malgré tout, la consommation d'énergie par habitant y est encore trop élevée.

Les bus de Stockholm, en Suède, roulent tous au biogaz. Ce carburant écoresponsable est obtenu à partir... des déchets organiques triés par les habitants de la ville !

Le *greenwashing*

Depuis les années 2000, les consommations ont évolué : davantage d'achats d'occasion entre particuliers et une conscience accrue de notre santé et de l'écologie. Les industries et gouvernements l'ont bien compris… et en profitent !

Rien que dans l'alimentaire, il est facile de ne plus savoir quoi choisir entre les estampilles « sans gluten », « sans lactose », « sans sucres », « végan », « allégé », « sans huile de palme »…

Fausses promesses

Pour suivre l'évolution des consommations, certaines industries prennent des engagements écologiques qui s'avèrent feints et cherchent à faire passer leurs produits pour « verts » et sains... quand ils ne le sont parfois pas du tout. Cette technique marketing, le *greenwashing*, est amplifiée par les réseaux sociaux et les médias. Dans la foule d'informations qui circulent, il devient alors difficile de savoir qui est honnête.

Le faux « vert »

Le marketing ne manque pas d'imagination pour séduire les consommateurs : ajouter « végan » sur un produit qui n'a aucune raison de ne pas l'être, parler de « naturel » quand cela n'indique rien sur la nocivité des composés, ou encore utiliser le mot « bio » à tort et à travers (*voir* p. 76-77). Le *greenwashing* nous fait aussi adhérer à des projets politiques. Lorsqu'on parle d'électricité ou de voitures propres, ou encore des bienfaits de la dématérialisation, par exemple, on ne précise pas les aspects négatifs (utilisation de ressources rares, pollution, création de déchets...).

Marketing

C'est tout ce qui a pour but d'attirer le client vers un produit pour mieux le lui vendre. Cela passe principalement par l'emballage (*packaging*, en anglais) et la publicité.

Petit geste éco

Tout au long de ta vie, sens-toi libre d'adopter l'alimentation de ton choix ! Si le choix de son régime alimentaire est personnel, il a toujours un petit impact sur la planète.

Quelques régimes alimentaires

Ceux qui ont adopté ces régimes sont parmi les premières cibles du *greenwashing* commercial. Le choix d'un régime alimentaire différent vient d'une volonté de préserver sa santé, l'environnement ou les autres espèces animales. Pour chacun, on exclut certains aliments :

- **végétarien** : ni viande ni poisson ;
- **flexitarien** : ni viande ni poisson la majorité du temps, en fonction de l'impact sur l'environnement ;
- **végétalien** : aucun produit d'origine animale (lait, fromage, œufs, miel…) ;
- **végan** : régime végétalien appliquant en plus le principe de l'absence de produits animaux dans l'intégralité du mode de vie (pas de cuir ou de laine, par exemple) ;
- **crudivore** : uniquement des aliments crus ;
- **sans gluten** : exclusion, par choix ou du fait d'une intolérance, de tout ce qui contient du gluten (protéine céréalière).

Certaines entreprises, pour « verdir » leur image et rassurer les acheteurs, mettent en avant le fait qu'elles font planter des arbres… tout en investissant dans les énergies fossiles !

Deviens journaliste scientifique !

Avant de traiter un sujet, le journaliste scientifique doit trouver les bonnes informations et écarter fausses idées, mauvais chiffres et rumeurs. À toi d'expliquer l'écologie autour de toi !

1. Cherche des sources fiables : organismes spécialisés, articles scientifiques…

2. Utilise toujours plusieurs sources et « croise » tes informations pour vérifier qu'elles se rejoignent.

3. Ne prends jamais un chiffre pour acquis, demande-toi quelle est sa source, comment il a été obtenu et ce qu'il veut dire.

4. Méfie-toi des idées reçues ! Rien n'est jamais aussi simple qu'il y paraît.

5. Reste à trouver les mots justes pour expliquer le sujet à ta manière !

Vers une autre économie

Sur tous les continents, des initiatives prouvent que d'autres économies sont possibles, où bienveillance, bon sens, partage et respect de l'environnement font loi.

Voici quelques exemples d'économies alternatives en France... parmi des centaines !

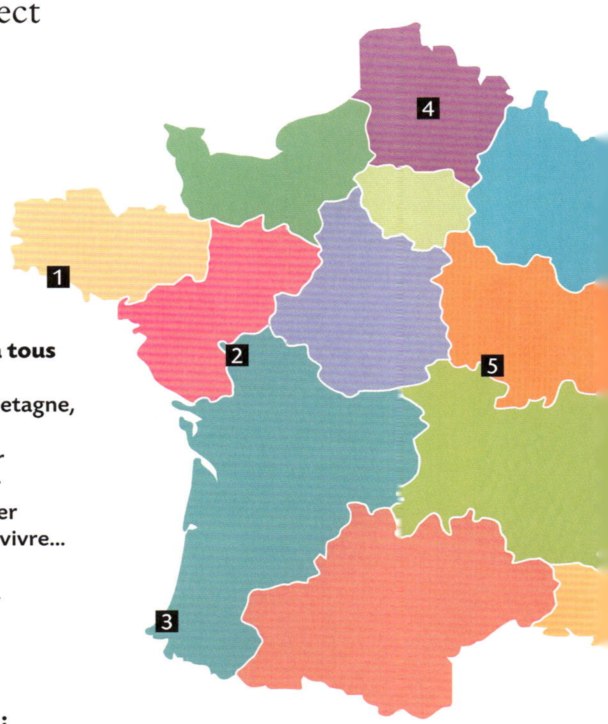

1. Névez, Finistère : on a tous un savoir à partager
Dans ce petit village de Bretagne, on peut venir librement à l'Atelier Z pour partager des savoirs, créer, monter des projets écolos, inventer de nouvelles manières de vivre... Il existe des « tiers-lieux » de ce type un peu partout en France.

2. Mauléon, Deux-Sèvres : personne n'est inutile
L'Esiam est une entreprise à but d'emploi : elle accueille des personnes sans emploi qui, une fois embauchées, cherchent à quoi elles peuvent être utiles sur le territoire. Les anciens chômeurs retrouvent le goût de vivre et beaucoup d'activités développées vont dans le sens de l'écologie, comme le tri et la valorisation de déchets !

3. Pays basque : l'argent solidaire
Depuis 2013, le Pays basque a sa monnaie locale, l'Eusko. Utilisable uniquement dans cette région, elle permet de conserver les richesses des habitants « sur place » : en achetant local, ces derniers aident les commerçants à conserver leur travail et incitent ainsi la venue de nouveaux commerces.

Économie circulaire

À l'inverse de l'économie linéaire actuelle, où les ressources diminuent et les déchets augmentent, elle transforme les déchets en une nouvelle matière. Mais ce type d'économie est confronté aux limites du recyclage.

Chacun son économie

Économie solidaire et sociale, circulaire, collaborative, participative, distributive, symbiotique, verte ; économie de l'innovation frugale ou encore de fonctionnalité… Toutes ces économies proposent des solutions alternatives au système économique actuel en se basant sur des concepts oubliés, comme le troc, la coopération, les échanges de temps, de services et de savoirs, la récupération et la réparation.

4. Hauts-de-France : les Amap avant tout

Dans les Hauts-de-France, on compte plus de 100 Amap (associations pour le maintien de l'agriculture paysanne) ! Elles proposent aux consommateurs d'acheter directement à des producteurs locaux. Chaque semaine, ils bénéficient d'un panier garni de produits de saison et les fermiers ont un revenu assuré. Il y a des Amap ou des associations similaires partout en France.

5. Cronat, Saône-et-Loire : on peut vivre sans argent !

Éotopia est une communauté écologiste qui vit quasiment sans argent, en autonomie, en cueillant et cultivant ses aliments. Elle a basé son économie sur le don, l'échange de savoirs, d'énergie et de temps. Des personnes du monde entier viennent y apprendre son mode de vie !

Petit geste éco

Participe aux initiatives alternatives près de chez toi : tous les savoirs et toutes les motivations, à tout âge, y sont les bienvenus ! Pourquoi ne pas proposer à tes parents d'utiliser la monnaie locale, s'il en existe une dans ta région ?

6. Mouans-Sartoux, Alpes-Maritimes : oui aux cantines bio et locales !

On a prouvé à Mouans-Sartoux qu'il est possible de manger 100 % bio et local dans les cantines scolaires, à condition de s'organiser pour : la mairie cultive des légumes bio sur ses terres plutôt que d'y construire des lotissements.

La Terre entière, du fond des océans jusqu'au sommet des montagnes, est polluée. Comment y remédier ?

RÉDUIRE LES POLLUTIONS

Des traces de polluants, parfois désespérantes, sont présentes partout dans notre environnement. On ne connaît pas toujours l'effet de ces substances sur notre santé ou celle des autres êtres vivants, mais une chose est sûre : il est grand temps de réduire au maximum cette pollution pour le bien de tous !

Une pollution grandissante

En quelques décennies, les humains sont parvenus à polluer la planète entière, y compris les zones inhabitées…

Ancienne comme la cité

Dès l'Antiquité, les humains concentrés dans des cités ont commencé à polluer en rejetant leurs déchets dans la nature, sans les gérer. Mais, pendant des millénaires, cette pollution est restée limitée et localisée. De plus, ces déchets étaient biodégradables, donc rapidement recyclés par la nature.

La tannerie est une activité très ancienne qui traite les peaux pour en faire du cuir. Elle a recours à de nombreux produits chimiques, comme les sulfures et le chrome, difficilement biodégradables et dangereux pour la vie aquatique.

Accélération industrielle

Grâce aux progrès technologiques, les humains ont créé de nouvelles molécules chimiques. Ils ont découvert les innombrables utilisations des dérivés du pétrole, à partir desquels ils ont ensuite fabriqué des plastiques, des pesticides, des colles… Malheureusement, les bactéries sont incapables de digérer la plupart de ces substances, qui s'accumulent donc dans l'environnement. L'augmentation de la population mondiale et la généralisation du mode de vie occidental participent aussi à l'amplification de toutes les pollutions.

Fin septembre

Opération « Nettoyons la nature »

Sans frontières

La plupart des polluants sont légers, souvent microscopiques, et mettent longtemps à se dégrader. Ils voyagent donc sans problème sur de très longues distances, portés aux 4 coins du monde par les vents, les pluies, les rivières et les océans, jusque dans des régions « préservées », inhabitées par les hommes, comme les pôles. Ils parcourent aussi toute la chaîne alimentaire, se concentrant à chaque étape, d'abord ingérés par les plantes et le plancton, puis par les herbivores, les carnivores… et nous, au sommet de la chaîne !

Polluer

C'est dégrader un écosystème en y introduisant des substances qui en altèrent le fonctionnement. Certains animaux et plantes polluent, mais l'homme bien davantage !

Les engrais phosphatés de l'agriculture intensive entraînent la multiplication des algues, qui consomment l'oxygène présent dans l'eau tout en y masquant la lumière du soleil. Peu de plantes et d'animaux aquatiques y survivent.

À ne pas confondre

Les polluants sont des substances, aussi bien gazeuses que liquides et solides, néfastes pour la santé des êtres vivants. On parle aussi sans arrêt de CO_2 et, plus largement, de gaz à effet de serre car ils ont un impact important sur le réchauffement climatique, et donc sur l'équilibre de la vie sur Terre. Mais les GES ne polluent pas. Ils n'ont pas d'effet direct sur la santé, à l'exception de l'ozone. D'ailleurs, tu rejettes en permanence l'un d'eux, le CO_2, quand tu respires !

Petit geste éco

Gourdes en métal, sacs en tissu personnalisés… En plus d'inciter à consommer moins de jetable, les objets réutilisables font aussi de super-cadeaux !

Les embruns marins peuvent emprisonner des polluants, comme des hydrocarbures largués en mer par les navires, puis les transporter vers les côtes, où ils portent atteinte aux plantes du littoral.

Halte aux pollueurs !

À peu près toutes les activités humaines polluent, chacune à sa façon et dans des proportions variées, mais il est possible d'agir autrement et d'en abandonner certaines.

La pollution tue

D'après l'Organisation mondiale de la santé (OMS), la mort de 1 personne sur 4 dans le monde est liée en grande partie à la pollution de l'air, de l'eau et des sols, soit 12,6 millions de décès par an ! Les plastiques sont aussi des tueurs d'animaux marins, certains produits chimiques provoquent des malformations chez les bébés, et les pluies acides, causées par la pollution atmosphérique, peuvent décimer des forêts.

Pollution anthropique

Le terme « anthropique » signifie « qui est causé par l'homme ». La pollution anthropique est donc celle engendrée directement ou indirectement par les activités humaines ; elle s'oppose à la pollution naturelle.

En réchauffant l'air, la foudre émet des polluants atmosphériques : des oxydes d'azote et de l'ozone.

Des pollutions naturelles

L'homme est responsable de la majeure partie de la pollution (on parle de pollution anthropique). Mais la nature y participe également : les éruptions volcaniques et les incendies éjectent dans l'air de grandes quantités de gaz et de poussières toxiques ; l'érosion des sols et les tempêtes de sable mettent aussi en suspension des particules ; les plantes libèrent des pollens à l'origine de nombreuses allergies ; enfin, l'essentiel de la radioactivité que nous subissons provient de roches naturellement radioactives, comme le granit.

Champions du monde

En 2019, Greenpeace Inde et la Nasa ont révélé le palmarès des plus gros pollueurs en analysant les niveaux d'émission de SO_2, l'un des principaux polluants atmosphériques, lié aux centrales à énergies fossiles, aux raffineries et aux industries. L'Inde arrive en tête. Suivent la Russie, la Chine, le Mexique, l'Iran, l'Arabie saoudite, l'Afrique du Sud, l'Ukraine, les États-Unis et la Turquie.

Petit geste éco

Quand tu jettes un emballage, réduis son volume au maximum : décolle les côtés d'une boîte en carton et aplatis-la, écrase les bouteilles en plastique... Moins les poubelles sont volumineuses, moins il faut de camions pour les collecter.

Le top 3

Quand on parle de pollution, on pense évidemment au trafic routier et aux usines. Mais sais-tu que le chauffage des bâtiments, l'agriculture, la production d'énergie, le stockage et le traitement des déchets contribuent aussi fortement à la pollution ? Les transports sont champions concernant la pollution de l'air. Au niveau des sols et de l'eau, les principaux coupables sont les rejets des usines (hydrocarbures, métaux lourds...) et l'usage d'engrais, de pesticides et d'herbicides dans l'agriculture intensive. C'est donc sur l'ensemble de ces secteurs qu'il y a lieu d'agir, de manière globale.

Tous les ans, des centaines de milliers de bénévoles enfilent des gants et partent ramasser les déchets près de chez eux dans le cadre de l'opération « Nettoyons la nature » organisée par les centres E. Leclerc. Et si tu t'y joignais ?

8 millions

C'est la quantité de tonnes de plastique qui finissent chaque année dans les océans. L'équivalent d'un camion-poubelle toutes les minutes !

La pollution atmosphérique

Nous respirons presque tous un air pollué. Et cette pollution tue chaque année des millions de personnes. De quoi est-elle constituée ? D'où vient-elle ?

De nombreux piétons cherchent à se protéger de la pollution avec un masque... malheureusement inefficace contre les particules fines et la plupart des gaz.

Invisibles, mais très dangereux

L'air qui nous fait vivre contient de plus en plus de gaz et de microscopiques poussières, des particules, qui nous empoisonnent quand nous respirons. En France, dans les agglomérations de plus de 100 000 habitants, on surveille quotidiennement 4 polluants pour calculer l'indice Atmo : le dioxyde d'azote (NO_2), le dioxyde de soufre (SO_2), les particules fines (PM_{10}) et l'ozone (O_3).

90 %

Dans le monde, 9 personnes sur 10 respirent un air trop pollué par rapport aux limites établies par l'OMS, ce qui provoque 7 millions de décès chaque année !

Les villes situées dans les vallées montagneuses sont souvent surplombées d'un nuage de pollution car, dans ces « cuvettes », les particules sont difficilement évacuées par les vents et s'accumulent.

L'indice Atmo

Chaque jour, tu peux consulter la carte de l'indice Atmo de ta région, allant de 1 en vert (qualité de l'air excellente) à 10 en rouge (très mauvaise). Rends-toi sur atmo-france.org.

Pic et pique

Tes yeux te piquent, ta gorge te gratte, ton nez coule ? Dans certaines conditions météo, notamment en l'absence de vent, les polluants peuvent s'accumuler dangereusement dans une zone. On parle de pic de pollution. Les personnes sensibles, comme les jeunes enfants, les personnes âgées, enceintes, asthmatiques ou allergiques sont alors encouragées à rester chez elles et les autres à ne pas faire de sport en extérieur pour éviter d'inhaler trop de polluants. Quant aux voitures trop polluantes, elles doivent rester au garage.

Petit geste éco

Brûler les déchets verts est interdit en France, car cette pratique émet des particules fines. Pour s'en débarrasser, on peut les composter, les broyer pour en faire du paillage ou les porter à la déchetterie.

Pollution de saison

Les pics de pollution aux particules PM_{10} ont principalement lieu en hiver et au printemps. Pourquoi ? L'hiver, c'est dû au chauffage renforcé dans les bâtiments. Au printemps, la cause principale est le secteur agricole. On fertilise les sols avec des produits azotés riches en ammoniac, un gaz qui se transforme secondairement en particules.

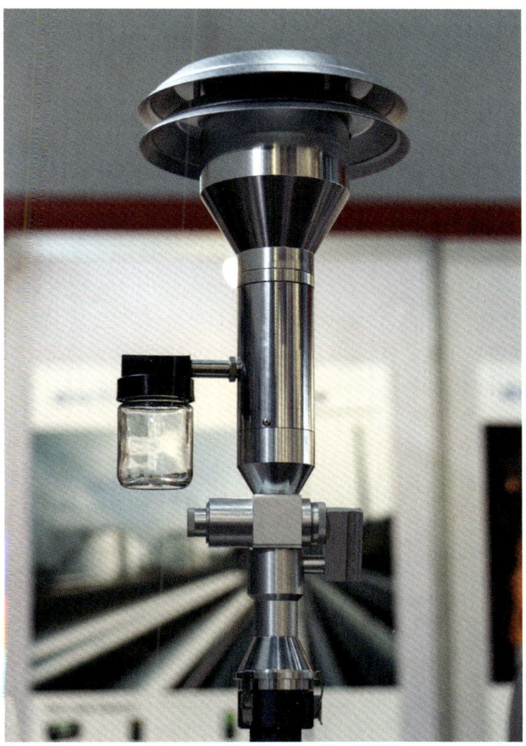

Visualise la pollution atmosphérique

- **Morceau de carton blanc**
- **Marqueur indélébile**
- **Bouchons de bouteilles de lait**

1. Numérote les bouchons avec le marqueur.

2. Installe le carton dehors, dans un lieu abrité de la pluie, et dépose les bouchons dessus.

3. Toutes les quinzaines, retire un bouchon : d'abord le n° 1, puis le n° 2…

Lorsque tu retires le dernier bouchon, sous lequel le carton est blanc, tu constates que le reste du carton… est devenu gris ! Cela est dû à la pollution de l'air : les poussières rejetées par les véhicules, les usines et les habitations, s'y sont peu à peu déposées.

1 800 analyseurs disséminés dans plus de 650 stations dans toutes les régions françaises mesurent les concentrations de polluants atmosphériques.

En progrès

En ville, la pollution de l'air provient avant tout du trafic routier. À l'échelle de la planète, comme les humains utilisent de plus en plus de voitures et de camions, la part des transports dans cette pollution continue de croître. Mais en Europe, les nombreuses mesures mises en place depuis des années commencent à porter leurs fruits. Elles doivent encore être renforcées, mais la pollution de l'air baisse enfin chez nous !

Polluants les plus fréquents

$PM_{2,5}$
Parmi les polluants les plus dangereux pour la santé, les particules fines de 2,5 µm sont si petites (30 fois plus fines qu'un cheveu !) qu'elles pénètrent dans nos poumons, nos vaisseaux sanguins et notre cœur.

PM_{10}
Ces particules, un peu plus grosses que les $PM_{2,5}$, sont principalement générées par le chauffage de nos habitations, les transports et la transformation de l'ammoniac (NH_3), un gaz dégagé en quantité par les déjections des animaux d'élevage.

NO_x
Les oxydes d'azote sont émis lors de la combustion : moteurs des véhicules (surtout les diesels anciens), chauffage, production d'électricité…

COV
Les composants organiques volatils regroupent une multitude de substances qui se répandent très facilement dans l'air. On les trouve surtout dans les solvants, peintures, colles et encres. Les plus connus sont le butane, le toluène, l'acétone, l'éthanol et le benzène.

Des recherches scientifiques ont montré que l'ozone attaque les feuilles des plantes et ralentit leur croissance.

Ozone : le bon et le mauvais

Présent à basse altitude dans l'air que nous respirons, l'ozone est un gaz nocif pour la santé. Mais entre 20 et 40 km d'altitude, ce même gaz forme la couche d'ozone, qui nous protège des rayons UV du soleil (*voir* p. 145).

Une multitude de solutions

Les gouvernements, les collectivités et les industriels disposent de nombreux leviers pour réduire la pollution de l'air : développer des zones piétonnes et des voies cyclables, des réseaux performants de transport en commun, des aires de covoiturage et des services d'autopartage ; encourager le télétravail et le transport ferré des marchandises ; offrir une aide à l'achat de véhicules électriques ; installer des filtres à particules sur les véhicules ; réduire la vitesse maximale autorisée...

Simule une pluie acide

Au contact de l'eau de pluie, le dioxyde de soufre (SO_2) se transforme en acide sulfurique et le dioxyde d'azote (NO_2) en acide nitrique. Observe l'effet d'un acide (celui du citron) sur un végétal.

- **2 feuilles d'arbre ou de salade**
- **2 coupelles**
- **Moitié de citron**
- **Eau**

1. Pose chacune des feuilles dans une coupelle.

2. Verse quelques gouttes de citron sur l'une, et d'eau sur l'autre. Laisse ensuite reposer les feuilles pendant une journée.

Qu'observes-tu le lendemain ? La feuille a changé de couleur là où le citron l'a attaquée, contrairement à la feuille témoin mouillée d'eau, non acide.

Électriques, hybrides ou à hydrogène... les véhicules modernes et ceux du futur seront beaucoup moins polluants que ceux à essence ou diesel.

La vignette Crit'Air classe les véhicules en fonction de leurs émissions de polluants. Seuls les mieux classés ont le droit de rouler dans certaines zones urbaines à circulation restreinte et les jours de pic de pollution.

Petit geste éco

Pour les trajets inférieurs à 3 km, sois original ! Déplace-toi en rollers, en skate, en trottinette... Et encourage tes parents à en faire de même !

Assainissons nos maisons

En moyenne, nous passons 80 % de notre temps « enfermés » ! Dans nos maisons, nos écoles, nos voitures, nous nous sentons à l'abri de la pollution. Pourtant, l'air est souvent plus pollué à l'intérieur qu'à l'extérieur…

Partout chez toi !

Les polluants se cachent partout ! Faute d'une bonne aération, ils se concentrent dans nos espaces clos. Il est donc primordial que les bâtiments soient bien ventilés. Interdiction d'arrêter la VMC (ventilation mécanique contrôlée) ou de boucher les aérations en haut des fenêtres et des murs.

1. **La fumée du tabac contient plus de 7 000 substances chimiques, dont 69 sont reconnues cancérigènes ! Les fumeurs exposent aussi les personnes autour d'eux : c'est le tabagisme passif.**

2. **Dans la poussière, la moquette, les tapis, les rideaux, les fauteuils et les draps se cachent des animaux microscopiques : les acariens. Ils peuvent provoquer des allergies. Pour s'en débarrasser, une solution d'eau mélangée à quelques cuillères de bicarbonate de soude est très efficace.**

3. **Pour réduire l'émission de gaz polluants, il faut utiliser un bois non traité ou peint, et le plus sec possible.**

4. **Méfie-toi des désodorisants, bougies parfumées et encens : ils émettent du benzène, du formaldéhyde et d'autres COV.**

Danger mortel !

La chaudière doit être entretenue une fois par an. Sinon, elle risque d'émettre du monoxyde de carbone (CO), un gaz invisible et inodore mortel. Les appareils de chauffage mobiles au pétrole ou au gaz en émettent aussi : à n'utiliser qu'en appoint, jamais en continu !

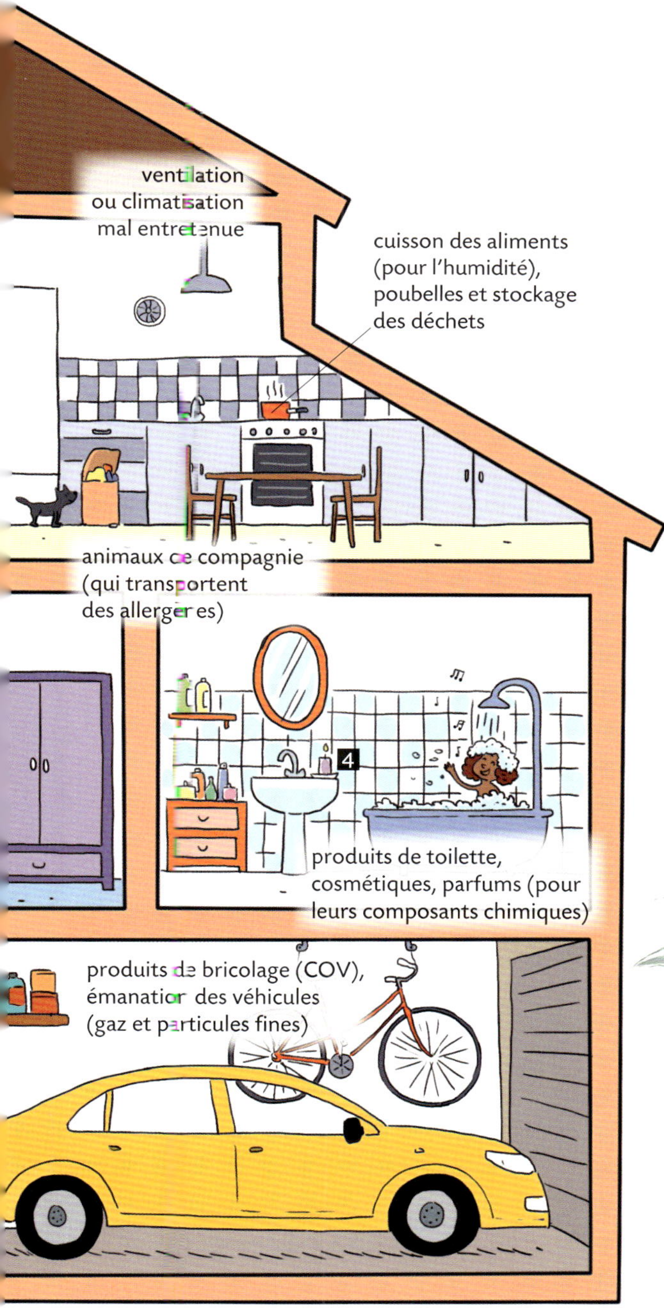

Bien au sec

L'humidité ne pollue pas à proprement parler, mais elle favorise le développement des moisissures et des acariens qui s'en nourrissent. La vapeur d'eau est bien sûr générée par les douches et les bains, mais aussi par la vaisselle, le séchage du linge, la cuisson… et par les habitants à chaque fois qu'ils expirent ! Alors, chassons l'humidité !

Petit geste éco

Pour renouveler l'air, ouvre les fenêtres 5 à 10 min au moins 2 fois par jour, même en hiver.
Et systématiquement après une activité qui émet des polluants (brûler un encens, ménage…).

Assainissons nos maisons !

Pour chacun de ces problèmes, il existe une solution ! Par exemple, en cas de travaux, l'étiquette « Émissions dans l'air intérieur » des pots de peinture, vernis ou solvants peut aider à choisir ceux classés A ou A+, qui dégagent peu ou pas de COV. On trouve aussi des textiles antiacariens, et pour assainir l'air tout en le parfumant, il suffit de quelques gouttes d'huiles essentielles (d'eucalyptus, de lavande ou de citron) sur un galet.

Certaines plantes absorbent des polluants, mais en trop petite quantité pour purifier l'air. Offre-leur quand même une place chez toi, pour le bien-être que procure la présence de plantes !

Allégeons nos poubelles !

Nos poubelles se remplissent à toute allure de déchets qui polluent la planète, directement et indirectement…

Trop, c'est trop !

Notre mode de vie occidental, guidé par la consommation, s'accompagne d'une production importante de déchets. Aujourd'hui, en moyenne, un Français en génère 590 kg/an : c'est plus du double qu'en 1960 (280 kg). Aux États-Unis, le triste bilan monte à 900 kg/an, alors que celui de l'Afrique est de 170 kg/an.

Les $^{2}/_{3}$ de nos déchets peuvent être valorisés (réparés, recyclés, compostés) et n'ont pas leur place dans notre poubelle !

Tout est lié

Si l'on s'intéresse à leur cycle de vie complet, on s'aperçoit que toutes les étapes qui ont permis de créer les produits, devenus déchets, polluent : extraction des matières premières, transformation en usine, utilisation, jusqu'à leur traitement final, sans oublier les transports entre toutes ces étapes.

Lutte contre les déchets inutiles en privilégiant les écorecharges , les produits concentrés qu'on renouvelle moins souvent, et les produits en vrac que tu peux transporter dans tes sacs à vrac faits maison (*voir* p. 164).

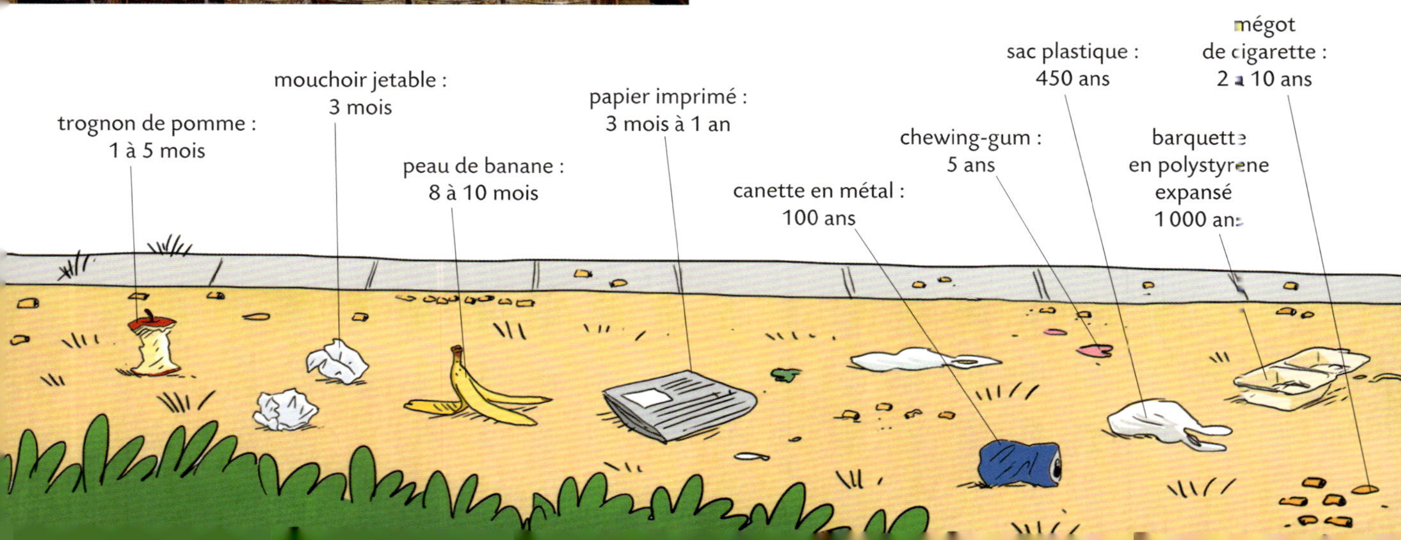

Des déchets dangereux

Certains déchets (médicaments, piles, ampoules...) sont à ne surtout pas jeter dans la nature ou dans la poubelle, car ils sont très polluants. Même chose pour les huiles de vidange ou de friture, qui colmatent les systèmes d'épuration des eaux usées et tuent la faune et la flore des cours d'eau. À rapporter en déchetterie !

Petit geste éco

Apporte tes propres boîtes chez les commerçants : de plus en plus de bouchers, poissonniers, fromagers acceptent d'y placer tes achats plutôt que de les emballer dans du papier ou du plastique.

15 novembre

Journée mondiale du recyclage

Décrypte les logos

Quels sont ces logos, et que veulent-ils dire ? Si, malgré ce guide, tu hésites encore dans le tri de certains déchets, rends-toi sur le site quefairedemesdechets.fr. Repère les principaux logos :

Triman : peut être trié pour être recyclé, ne va pas avec les ordures ménagères.

La **poubelle barrée** concerne les appareils électriques et électroniques (lampes, piles…) : à rapporter en magasin ou en déchetterie, ne va pas avec les ordures ménagères.

Anneau de Möbius (vide au centre) : ce produit est recyclable. Jette-le dans le bon bac de tri !

Anneau de Möbius (% au centre) : attention ! Ce produit n'est pas forcément recyclable, mais il contient un certain pourcentage de matières recyclées. Si ta mairie indique qu'elle recycle ce type de produit, trie-le. Sinon, dans le doute, jette-le avec les ordures ménagères.

50 %

Tidy man : te rappelle qu'il faut jeter les déchets dans une poubelle, pas par terre ! Il ne donne aucune consigne de tri.

Point vert : informe que l'entreprise à l'origine de ce produit a payé une taxe pour la valorisation des emballages. Il n'indique absolument pas qu'il est recyclable.

La nature n'est pas une poubelle ! Les déchets mettent plus ou moins de temps à se dégrader sous l'action du soleil, de l'humidité et des petites bêtes.

Le chimique, c'est magique ?

Les produits chimiques sont omniprésents (alimentation, produits d'entretien, cosmétiques, nouveaux matériaux…). La plupart ont des effets nocifs, sur nos organismes comme sur l'environnement. Heureusement, certains sont interdits et beaucoup sont remplaçables. Changeons nos habitudes !

La chimie durable, ou « chimie verte », consiste à créer de nouvelles molécules moins polluantes et biodégradables à partir d'éléments renouvelables ou recyclés, avec des techniques plus économes en énergie et en eau, et moins dangereuses.

Mauvais cocktails

Beaucoup de produits chimiques sont soupçonnés d'être la cause de graves problèmes de santé lorsqu'ils sont inhalés ou avalés, même à toute petite dose, pendant de longues années. Un danger amplifié par « l'effet cocktail », dû au mélange de nombre de ces produits dans notre organisme. Nous sommes tous touchés : ces substances sont présentes dans notre alimentation, nos savons, nos vêtements…

20 000

C'est le nombre de substances chimiques à risques qui ont été évaluées depuis 2007, grâce au règlement européen Reach. Les plus dangereuses sont interdites et, si possible, remplacées par de moins nocives.

Le puissant pesticide chlordécone, utilisé notamment dans les champs de bananiers des Antilles, mettra encore des décennies à disparaître des sols, continuant à empoisonner la population locale. Heureusement, il est aujourd'hui interdit dans le monde entier.

Privilégie les produits porteurs de l'Écolabel européen : ils contiennent moins de produits chimiques nocifs.

Dangereux imitateurs

Bisphénol A (ou BPA), phtalates, parabènes... Certaines molécules de synthèse ressemblent beaucoup aux hormones, ces substances que nous produisons naturellement pour transmettre des messages chimiques dans tout notre corps. En trompant notre organisme, ceux que l'on nomme les perturbateurs endocriniens peuvent causer une grande variété de troubles et de maladies. Mais les consciences évoluent et on les interdit peu à peu. C'est notamment le cas du BPA, depuis 2015, dans les contenants alimentaires (biberons, boîtes en plastique, canettes et boîtes de conserve).

Petit geste éco

Demande à tes parents d'acheter de la lessive et du produit vaisselle sans phosphate, et respecte la dose indiquée sur l'emballage, ou mets-en moins... mais jamais plus. Surdoser ne nettoie pas mieux mais pollue plus !

Fabrique ton nettoyant écolo

Les produits d'entretien vendus dans le commerce pour chacune des pièces de la maison peuvent être remplacés par du fait maison bien moins cher et moins polluant.

- **Flacon opaque de récup ou vaporisateur**
- **Entonnoir**
- **Verre**
- **50 cl d'eau**
- **4 c. à soupe de vinaigre blanc**
- **1 c. à soupe d'huiles essentielles (30 gouttes de citron et 30 gouttes d'arbre à thé)**

1. Demande à un adulte de mélanger le vinaigre et les huiles dans le verre.

2. Dans le flacon, verse l'eau puis, avec l'entonnoir, le contenu du verre.

3. Ferme et secoue doucement. C'est prêt !

Ton nettoyant écolo fait maison désinfectera la table, le plan de travail, la poubelle, les toilettes... Secoue-le toujours avant utilisation pour que les huiles se remélangent bien au reste. Pense aussi à l'étiqueter et conserve-le à l'abri de la lumière et de la chaleur.

Attention !

C'est un adulte qui doit manipuler les flacons d'huiles essentielles : elles ont un puissant pouvoir désinfectant et sentent bon, mais elles sont dangereuses et s'utilisent toujours diluées. Il ne faut pas non plus en abuser, car leur production nécessite une culture importante de plantes et génère de la pollution.

Le plastique, pas si fantastique...

Il peut prendre toutes les formes, toutes les couleurs, ne coûte pas cher et casse difficilement. C'est sûr, le plastique, c'est pratique ! Mais c'est aussi très polluant…

Des opérations comme « Initiatives océanes », de Surfrider Foundation Europe, mobilisent le grand public pour agir concrètement. N'hésite pas à participer à une collecte près de chez toi ou de ton lieu de vacances !

Omniprésent

Dans tes vêtements, ton cartable, tes jeux, le frigo ou la voiture... On trouve du plastique partout ! Mais ce matériau de base de la plupart de nos produits, jetés volontairement ou non dans la nature, voyage avec le vent et les cours d'eau, et pollue la planète entière !

Un peu d'histoire

Les premiers plastiques datent du début du XXe siècle (bakélite, cellophane, PVC). Les besoins militaires des 2 guerres mondiales ont accéléré leur développement. Après la Seconde Guerre mondiale, la consommation de masse a fait exploser la demande !

Poubelles flottantes

Les objets en plastique qui atteignent la mer sont entraînés par les courants et piégés au cœur des gyres, 5 énormes spirales océaniques où se concentrent des millions de tonnes de déchets plastiques, composés de milliards de fragments. Comme ils se confondent avec le plancton, ils sont ingérés par les animaux marins, empoisonnant toute la chaîne alimentaire.

Le navire *Race for Water* qui navigue grâce aux énergies propres – soleil, vent et eau (hydrogène) –, sillonne les océans pour y étudier les effets du plastique sur la vie marine et sensibiliser le grand public. Son message : pour sauver les océans, c'est à la source des déchets qu'il faut agir, et donc... sur terre !

La pollution des mers ne vient pas toujours des terres. En 1992, un navire a perdu sa cargaison de canards en plastique au large de Hong Kong. En 2007, quelques-uns d'entre eux atteignaient encore les côtes anglaises !

Interdit... en partie

Depuis 2017, les sacs en plastique fin ne sont (presque) plus distribués gratuitement à la caisse des magasins français. Depuis 2020, la France interdit aussi la vente d'objets jetables que l'on retrouve sur les plages et dans les océans : vaisselle jetable, cotons-tiges ou encore touillettes. Pour le reste, le gouvernement a annoncé l'interdiction des plastiques à usage unique (jouets jetables dans les fast-foods, emballages en polystyrène expansé...)... d'ici 2040 ! Une décision qui révolte, tant elle montre que l'urgence de la situation n'est pas mesurée.

Petit geste éco

Quand tu accompagnes tes parents faire les courses, emporte toujours des sacs avec toi (pas forcément en plastique) et réutilise-les autant de fois que possible.

De 100 à 1 000 ans

C'est le temps qu'il faut pour qu'une bouteille en plastique se dégrade.

Durable, donc acceptable

Dans certains cas, le plastique peut être remplacé par des matériaux biodégradables. On peut, par exemple, utiliser des sacs et d'autres objets fabriqués à partir de végétaux. Mais le plastique est sans doute trop pratique pour que nous puissions nous en passer complètement. Du point de vue de nombreux écologistes, y recourir reste acceptable pour des usages durables, des objets utiles et solides.

On fabrique aujourd'hui des emballages plastiques d'origine végétale. Mais, attention ! tous ne sont pas aussi biodégradables qu'on le prétend. L'idéal reste d'éviter ces sacs jetables.

Rallumons les étoiles !

Nos yeux peuvent distinguer jusqu'à 3 000 étoiles dans un ciel clair sans pollution lumineuse. Mais, à cause de l'éclairage de nos villes, plus de 90 % des étoiles sont aujourd'hui invisibles. Ciel noir, où es-tu ?

La pollution lumineuse est bien visible depuis l'espace !

Des impacts sur notre santé

L'alternance jour-nuit joue un rôle majeur pour notre santé et celle des autres êtres vivants. L'exposition à la lumière artificielle pendant les heures sombres cause de nombreux problèmes de santé. En jouant sur le choix et l'emplacement des luminaires, et sur les heures d'extinction, les communes ont le pouvoir de réduire la pollution lumineuse. Le label Villes et villages étoilés en valorise plus de 500 en France.

Petit geste éco

Protège-toi : 1 ou 2 heures avant de te coucher, évite de t'exposer à des lumières intenses (notamment celle des écrans) ; et dors dans le noir complet, sans lumière parasite.

Autour du 10 octobre

Le Jour de la nuit

Des impacts sur la faune…

Les halos lumineux des villes perturbent les routes des animaux migrateurs, qui s'orientent avec les étoiles. Beaucoup d'animaux fuient la lumière, ce qui réduit leur territoire de chasse ou de reproduction. D'autres, éblouis, deviennent très vulnérables aux prédateurs. Le phénomène touche des millions d'espèces !

... et sur la flore

La disparition de la nuit noire retarde aussi la chute des feuilles d'arbres, perturbe la germination et la photosynthèse des plantes, et empêche certaines fleurs de s'ouvrir la nuit... et donc d'attirer les papillons de nuit qui les pollinisent. Ce sont ainsi des écosystèmes entiers qui sont déstabilisés.

Réserves internationales de ciel étoilé (Rice)

Une centaine de sites dans le monde ont reçu ce label. Tous possèdent une zone centrale où la noirceur naturelle est préservée, entourée de communes où citoyens et entreprises s'engagent à protéger le ciel étoilé. La France compte 2 Rice : au pic du Midi (Pyrénées) et dans les Cévennes (sud du Massif central).

La lumière bleue des écrans est particulièrement néfaste pour notre production de mélatonine, la principale hormone du sommeil, car le cerveau l'associe à la lumière naturelle.

Apprivoise la nuit !

La nuit te fait un peu peur ?
Après cette expérience, elle t'émerveillera !

- **Vêtements chauds**
- **Couverture**
- **Lampe torche ou frontale (facultative)**
- **Gourde et biscuits (facultatifs)**

• Choisis un coin de nature que tu auras pris soin de repérer de jour. Informes-en tes parents et prends leurs conseils. Fais ça un soir sans nuages, où la lune est pleine ou presque : elle éclairera tes pas !

• Démarre ta promenade au crépuscule. Et tends l'oreille : entends-tu le chant des crapauds et des oiseaux nocturnes, le vent dans les feuilles ou le clapotis de l'eau ?

• Concentre-toi aussi sur les odeurs : certains parfums, comme celui du chèvrefeuille, sont décuplés le soir pour attirer les papillons de nuit.

• Pose ta couverture dans un endroit dégagé, assieds-toi confortablement pour ne pas bouger et ouvre grand les yeux. Tu verras peut-être passer une chauve-souris, un lapin, un renard...

Attention : emporter une lampe peut te rassurer, mais allume-la uniquement en cas de nécessité. Elle va t'éblouir et tes yeux mettront plusieurs minutes à se réhabituer à l'obscurité.

Les éoliennes participent à la réduction de la pollution… mais leur présence génère des désagréments visuels et sonores. Quel est le plus nuisible ?

Luttons contre les pollutions cachées

Cachées du fait de leur taille, de leur nature ou de leur localisation, ces pollutions sont moins évidentes que les autres. Elles sont pourtant bel et bien réelles, et méritent elles aussi qu'on les combatte !

Les mauvaises odeurs, souvent causées par des activités polluantes, occupent la 2e place sur la liste des nuisances, après le bruit. Elles sont traquées par des personnes que l'on surnomme des « nez ».

Silence !

On pense rarement au bruit comme pollution. C'est pourtant la nuisance n° 1 citée par les citadins ! Une exposition régulière peut rendre déprimé, agressif ou plus sensible aux microbes. Des bruits intenses peuvent aussi abîmer notre ouïe, voire nous rendre sourds… La construction de murs antibruit autour des routes, aéroports et autres installations bruyantes ou la pose de matériaux isolants dans les bâtiments atténuent ces nuisances.

Havres de silence

Le bioacousticien Gordon Hempton traque les rares zones encore épargnées par les bruits d'origine humaine. Il n'en a répertorié qu'une cinquantaine dans le monde, aucune en France. Il effectue ses mesures à l'aube, quand la biophonie (sons de la nature) bat son plein : aucun bruit lié à l'activité humaine ne doit être perçu durant 15 minutes.

Prudence avec les ondes

Téléphones portables, tablettes, wifi, antennes relais, lignes à haute tension... Tous ces objets émettent des ondes qui, au-dessus des limites réglementaires, peuvent réchauffer notre corps ou y induire des courants. Elles sont supposées être une cause de cancers. Certaines personnes, les « électro-hypersensibles », souffrent même de maux de tête, de troubles du sommeil et de la mémoire dès qu'elles s'approchent de ces sources d'ondes.

Par mesure de précaution, le wifi est interdit dans les crèches et doit obligatoirement être désactivé dans les écoles primaires tant qu'aucune activité pédagogique sur Internet n'est en cours.

Poubelles spatiales

Nous avons même réussi à polluer l'espace ! Sur des orbites proches de la Terre encombrées de restes de vieux satellites et fusées, le risque de collision avec un débris spatial est élevé. Une loi oblige maintenant le retour des satellites récents dans l'atmosphère pour qu'ils s'y désintègrent en fin de mission. Quant aux satellites trop éloignés, des « orbites cimetières » encore plus lointaines leur sont réservées. On réfléchit aussi à des outils futuristes pour faire le ménage dans l'espace !

La Station spatiale internationale (ISS) doit chaque année effectuer plusieurs manœuvres pour éviter d'être gravement endommagée par des débris spatiaux.

Petit geste éco

Sèche-cheveux, rasoir, réveil électrique, smartphone... S'ils ont l'air inoffensifs, ces appareils du quotidien dégagent eux aussi des ondes électromagnétiques. Utilise-les le moins possible, place le réveil à distance de ton lit, branche le kit mains libres au téléphone (évite le Bluetooth) et encourage ta famille à faire de même.

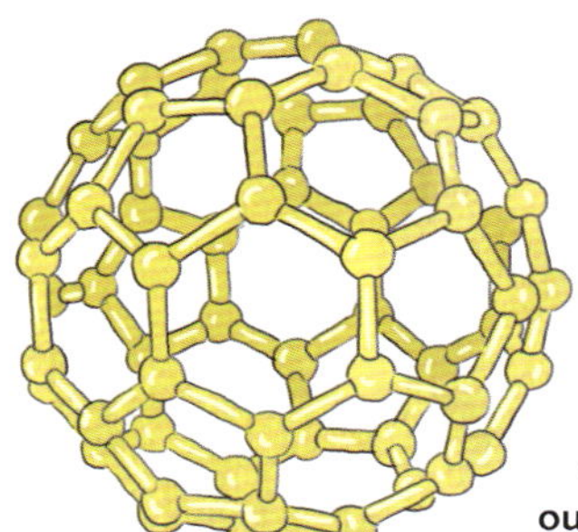

Issues de la combustion du carburant et des cigarettes, ou ajoutées à nos vêtements et nos cosmétiques, les nanoparticules (plus petites que nos cellules) peuvent s'immiscer dans nos organes.

Freiner la fonte des glaces et de la banquise est l'une des priorités de notre époque.

RALENTIR LE CHANGEMENT CLIMATIQUE

Le climat rythme la vie sur Terre. Tous les êtres vivants dépendent de son évolution. Il repose sur un fragile équilibre et, par la faute de l'homme, se modifie à vive allure, avec des répercussions graves. Mais il est encore temps d'agir pour limiter notre impact.

L'histoire du climat

Le climat qui règne sur Terre et permet à la vie de s'y développer est une machinerie complexe. Le Soleil en est le grand chef d'orchestre, mais l'homme est venu mettre son grain de sel…

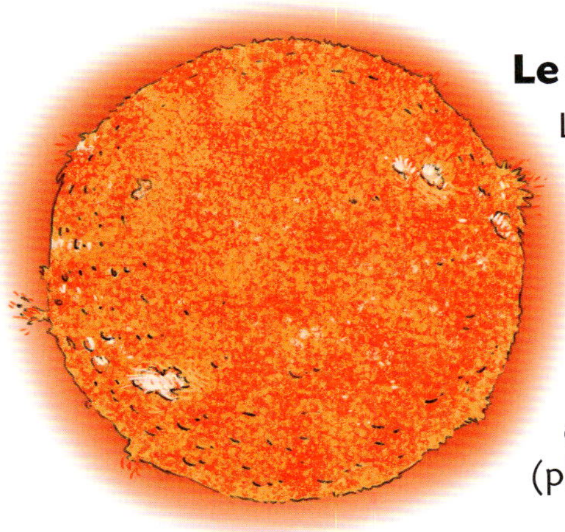

Le Soleil, grand manitou

Les températures et l'humidité ne sont pas du tout les mêmes aux différentes latitudes. Le grand responsable de ces différences de climat est notre étoile, le Soleil. Comme la Terre est une sphère, ses rayons réchauffent bien plus la zone équatoriale que les pôles. Cela génère des masses d'air et d'eau chaudes et froides. Les mouvements entre ces masses créent les vents, les courants marins et les précipitations (pluie, neige, grêle…).

Tous les 100 000 ans…

Depuis 800 000 ans, la Terre connaît une alternance d'époques froides et chaudes : les périodes glaciaires, d'environ 100 000 ans, et les périodes interglaciaires (plus chaudes de 5 à 10 °C) durant 10 000 à 30 000 ans. L'explication de ces cycles est surtout d'ordre astronomique : la position de notre planète par rapport au Soleil varie sur des temps extrêmement longs. La Terre reçoit ainsi plus ou moins d'énergie du Soleil, ce qui influence le climat qui y règne

Petit geste éco

Propose à ton école d'organiser une journée sur le thème du réchauffement climatique : une classe créera un spectacle, une autre une exposition, toutes réaliseront des expériences scientifiques…

Les paramètres de Milanković

En 1941, l'astronome serbe Milutin Milanković publie sa théorie astronomique du climat. Combinés entre eux, ses 3 paramètres expliquent le cycle naturel des périodes glaciaires et interglaciaires, et sont à l'origine du climat que nous connaissons aujourd'hui.

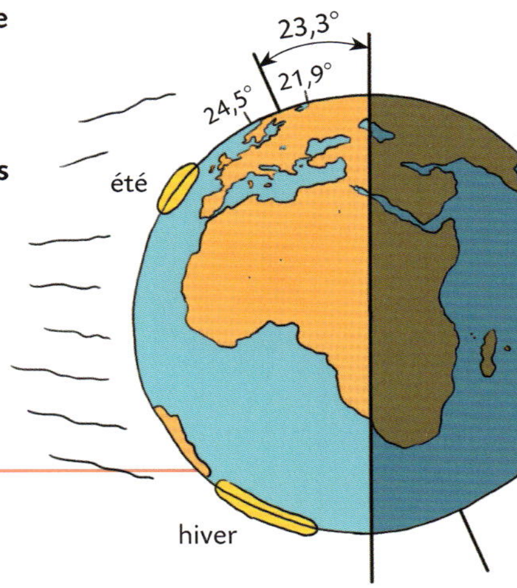

- **Obliquité**
  L'axe de rotation de la Terre est incliné, ce qui crée les saisons. Son obliquité est aujourd'hui de 23,3°, mais depuis 1 million d'années, cet angle a varié de 24,5°, avec des saisons bien plus marquées, à 21,9°.

Et aujourd'hui ?

Le climat varie donc naturellement. Il y a 11 000 ans, la Terre est entrée dans une période interglaciaire particulièrement longue, l'Holocène. Elle devrait revenir à une période glaciaire d'ici 40 000 ans.

8 décembre

Journée mondiale du climat

L'Anthropocène n'est pas « seulement » la modification du climat et l'aggravation des phénomènes météorologiques, mais aussi l'accumulation de polluants et les extinctions massives d'espèces.

Climat et météo

La météo, c'est le temps qu'il fait à un instant donné dans un lieu précis. Le climat, lui, concerne la moyenne de ces données météo sur des grandes régions du globe ou sur des périodes de temps longues : 10 ans, 100 ans, voire des milliers ou des millions d'années.

L'Anthropocène

Depuis 150 ans, l'homme influence si fortement le climat et la vie sur Terre que des traces ont commencé à s'accumuler dans les couches géologiques. Certains scientifiques affirment que nous sommes sortis de l'Holocène et entrés dans une nouvelle ère : l'Anthropocène, qui signifie « âge de l'Homme ».

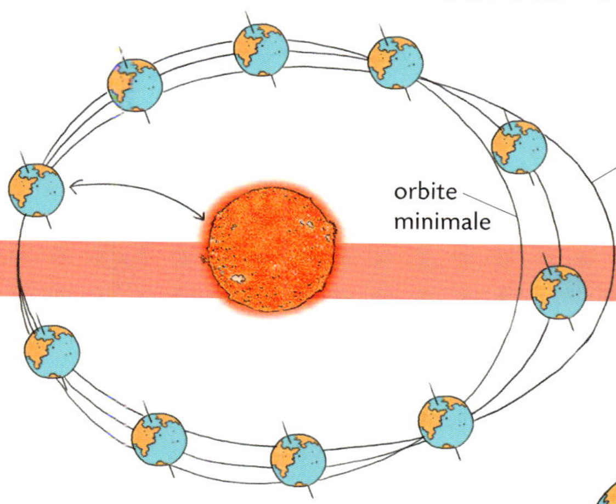

- **Excentricité**

Tous les 100 000 ans, l'orbite de la Terre autour du Soleil oscille d'un cercle quasi parfait à une ellipse, ce qui rapproche ou éloigne la planète de l'étoile, et la plonge dans une longue phase glaciaire.

- **Précession des équinoxes**

Semblable à l'axe d'une toupie, l'axe de la Terre décrit un cercle en 26 000 ans. Cela modifie l'intensité des saisons.

Ça chauffe !

Depuis 150 ans, les activités humaines modifient à grande vitesse la composition de notre atmosphère, et donc le climat naturel régnant sur Terre.

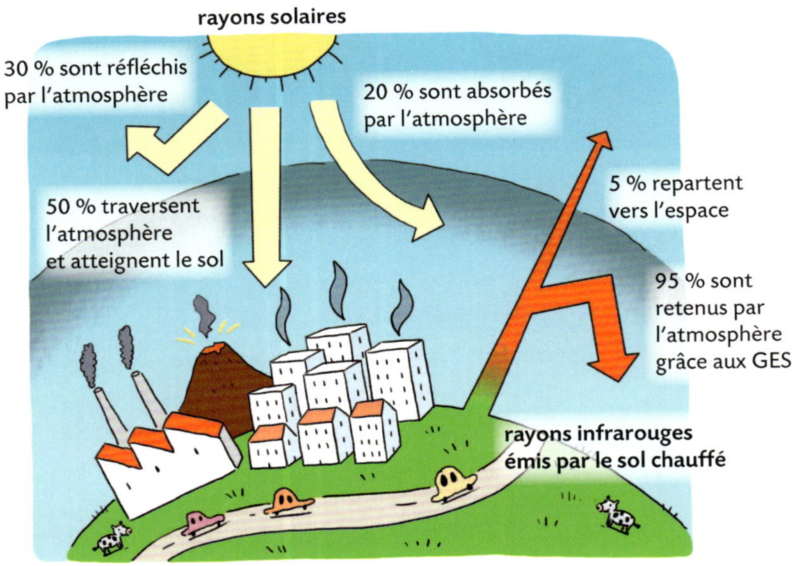

fonctionnement de l'effet de serre

Un fragile équilibre...

L'atmosphère est une fine enveloppe de gaz de 100 km d'épaisseur qui entoure et protège notre planète. Elle est constituée d'environ $^2/_3$ d'azote et $^1/_3$ d'oxygène, auxquels s'ajoutent une myriade de gaz en petite quantité : eau, dioxyde de carbone, méthane, protoxyde d'azote. Ces gaz renvoient vers la Terre une partie de la chaleur qu'elle émet. Sans cet effet de serre naturel, pas de vie sur Terre : toute cette chaleur repartirait dans l'espace et la température moyenne serait de − 18 °C au lieu des + 16 °C actuels !

... qui se détraque

La teneur en GES dans l'atmosphère se régule grâce à des cycles naturels. Le carbone, par exemple, est absorbé par les plantes, les sols, les océans et les roches avant d'être renvoyé dans l'atmosphère au bout de dizaines ou de milliers d'années. Mais nos activités humaines libèrent des milliards de tonnes de GES. Ces surplus de gaz restent donc dans l'atmosphère et amplifient l'effet de serre naturel.

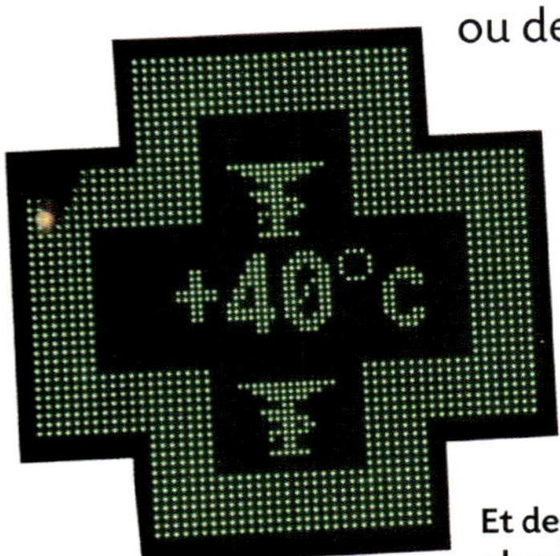

Les records de température se succèdent. Les années 2014 à 2019 ont été les 6 plus chaudes dans le monde sur 140 ans de données ! Et depuis 1960, chaque nouvelle décennie est plus chaude que la précédente...

Petit geste éco

Lorsqu'il fait très chaud, comme en période de canicule, empêche la chaleur d'entrer en fermant bien les portes et les volets. La nuit, ouvre les fenêtres pour faire entrer l'air frais.

L'Arctique, autour du pôle Nord, connaît un réchauffement 2 à 3 fois plus rapide que celui moyen du reste de la Terre.

Planète fiévreuse

Comparée à celle de l'époque préindustrielle (1850-1900), la température moyenne sur Terre a augmenté de 1 °C. L'environnement ressent déjà les effets de cette fièvre. Le Giec prévoit une augmentation de 1,5 °C entre 2030 et 2052, et une élévation de 2 à 5,5 °C d'ici la fin du siècle, en fonction de la réaction des humains... Il ne tient qu'à nous d'éviter ce drame !

20,75 °C

En février 2020, on a enregistré une température supérieure à 20 °C en Antarctique : du jamais-vu aussi près du pôle Sud !

Le Giec

En 1988, l'ONU a chargé des experts du climat, issus des différentes régions de la planète, d'éplucher des milliers d'études scientifiques et de communiquer leurs conclusions aux dirigeants du monde afin de les aider à prendre des décisions politiques. Ces experts forment le Giec : le Groupement d'experts intergouvernemental sur l'évolution du climat.

Reproduis l'effet de serre

- **2 verres**
- **Eau**
- **Saladier**
- **Thermomètre**

1. Remplis d'eau les 2 verres à même hauteur.

2. Pose-les en plein soleil et place le saladier à l'envers au-dessus de l'un d'eux.

3. Au bout d'une heure, mesure la température de chaque verre.

L'eau est bien plus chaude sous le saladier : il a joué le rôle de l'atmosphère, retenant une partie de la chaleur du soleil.

Les gaz à effet de serre

Les grands responsables du réchauffement planétaire actuel sont les GES, et principalement ceux liés aux activités humaines. Comment faire pour limiter leur impact ?

La star des GES : le CO_2

Il représente plus des $^3/_4$ des émissions de gaz d'origine humaine qui réchauffent l'atmosphère et qu'on appelle « GES anthropiques ». 3 autres familles contribuent au quart restant : le méthane et le protoxyde d'azote (ou « gaz hilarant »), à la fois présents naturellement dans l'atmosphère et produits en excès par les hommes, et les gaz fluorés, exclusivement d'origine artificielle.

Super-puissants

Si certains GES se dissipent vite dans l'atmosphère, comme le CO_2 et le méthane, d'autres y font des dégâts jusqu'à plusieurs milliers d'années après leur émission. C'est le cas des gaz fluorés, présents dans les réfrigérateurs et climatiseurs, ou dans les procédés de fabrication de métaux et de matériel électrique. Même libérés en petite quantité, ces gaz peuvent avoir un impact durable sur le climat.

Et l'eau alors ?

Dans l'absolu, le principal GES n'est pas le CO_2 mais... l'eau, sous forme de vapeur invisible ou de nuages. C'est la source majeure de l'effet de serre naturel. Mais comme seule une infime partie de cette eau est générée par les activités humaines, elle ne participe pas au réchauffement récent.

Grands accords

Les actions individuelles sont nombreuses pour réduire les émissions de GES. Mais répondre à l'urgence climatique se joue surtout à l'échelle des États. En signant le protocole de Kyoto en 1997, les pays industrialisés s'engagent pour la première fois sur un objectif chiffré : – 5 % de GES d'ici 2012. L'objectif n'est pas tenu par tous et l'accord n'inclut pas la Chine, l'Inde et le Brésil, pourtant gros émetteurs, tandis que les États-Unis et l'Australie refusent de le signer... mais c'est un début !

Se déplacer en mode actif (marche, vélo, rollers), ne pas surconsommer et acheter local en vérifiant la provenance des produits sont des gestes concrets pour agir sur les émissions de GES.

En stockant des milliards de tonnes de carbone dans le bois et le sol, les forêts jouent un rôle majeur dans la régulation des GES. Les préserver et en replanter permet d'agir concrètement pour la planète !

Une avancée : les marchés du carbone

Le protocole de Kyoto ouvre aussi la voie aux marchés du carbone : États et entreprises ont droit à un certain quota d'émissions. S'ils émettent moins que prévu, ils peuvent revendre les parts restantes à ceux qui, au contraire, dépassent la quantité autorisée. On peut aussi gagner des crédits en investissant dans des projets qui réduisent les émissions (plantations de forêts, par exemple).

40 milliards

C'est la quantité, en tonnes, de CO_2 émises chaque année dans le monde par les activités humaines, principalement en brûlant des combustibles fossiles et en détruisant les forêts.

Petit geste éco

Évite la clim' : tout en te rafraîchissant, les gaz de climatisation réchauffent l'atmosphère ! Tu peux rafraîchir la pièce en mouillant les rideaux à l'aide d'une éponge ou d'un pulvérisateur.

Les plus gros émetteurs de GES sont la Chine et les États-Unis, avec respectivement plus de 10 millions et 5 millions de tonnes de CO_2 par an. La France en émet quelque 340 000 t.

Les océans se transforment

L'une des conséquences du réchauffement climatique les plus connues sur les océans est la montée des eaux, mais ce n'est pas la seule. Les océans se transforment en profondeur, des plages jusqu'aux abysses…

Une grande partie des Pays-Bas est aménagée sous le niveau de la mer. Pour se protéger de la montée des eaux, le pays renforce ses 200 digues et développe des maisons flottantes.

Coup de chaud dans l'eau

Les océans sont les principaux gardiens du climat. Depuis 1970, ils ont stocké à eux seuls plus de 90 % de la chaleur excédentaire liée aux activités humaines ! Ils ont la capacité d'en accumuler encore beaucoup... mais leur réchauffement, aussi bien en surface qu'en profondeur, crée des déséquilibres. Des vagues de chaleur marine, de plus en plus fréquentes, longues et intenses, tuent des organismes marins.

Des villes menacées

Beaucoup d'îles sont très menacées par la montée des eaux. Certaines dans les océans Pacifique et Indien ont déjà été englouties ces dernières années. Ce phénomène accélère aussi l'érosion des côtes. L'eau grignote les littoraux, très peuplés partout dans le monde. De nombreuses villes installées en bord de mer (New York, Tokyo, Alexandrie, Marseille...) perdent toutes peu à peu du terrain. Sur certaines côtes françaises, la mer a déjà gagné 200 m en 30 ans. En ralentissant le changement climatique, c'est également la montée des eaux que nous pouvons ralentir !

Vigie des eaux

Les satellites aident à mieux comprendre le climat et les échanges complexes entre les océans, l'atmosphère et les continents. Leurs observations permettent d'anticiper une partie des tempêtes et des inondations, et donc de prévenir les populations à risques. Swot, par exemple, sera lancé en 2022 pour suivre l'évolution du niveau des mers et des eaux continentales (lacs, fleuves...) avec une résolution exceptionnelle.

Océans gonflés

En 25 ans, le niveau global des mers s'est élevé de 8 cm... et ça s'accélère ! Si rien ne change, il pourrait monter de 1,1 m d'ici 2100. 2 phénomènes sont à l'origine de cette élévation : la fonte des glaces et la dilatation de l'eau. En fondant, les glaciers (en particulier ceux des pôles) font couler d'énormes volumes d'eau douce dans les océans. L'autre cause est physique : quand on chauffe de l'eau, elle prend plus de place. Donc, plus les océans se réchauffent, plus ils s'élèvent.

Imagine que le liquide du thermomètre est un océan miniature et observe le changement de volume en fonction de la température : c'est la dilation thermique.

Océans saturés

Les océans sont d'énormes « puits de carbone » : ils absorbent plus du quart du CO_2 émis dans l'air par nos activités. Mais comme cette concentration atmosphérique a beaucoup augmenté ces 200 dernières années, les océans commencent à saturer et jouent de moins en moins bien leur rôle de pompe à carbone.

Petit geste éco

Difficile d'agir à ton échelle pour préserver les océans. Mais chacune de tes actions qui réduisent ton empreinte carbone, et donc ton impact sur le dérèglement du climat, a indirectement un impact positif sur les océans.

8 juin

Journée mondiale des océans

Océans acidifiés

Le CO_2 et certains gaz polluants comme les oxydes d'azote et le dioxyde de soufre (*voir* p. 116-119) modifient la chimie des océans. En acidifiant l'eau, ils mettent en péril la survie de nombreuses espèces marines. Les mollusques ont du mal à construire leur coquille, tandis que le corail, les échinodermes (oursins et étoiles de mer) et une partie du plancton n'arrivent plus à constituer leur squelette de calcaire.

Des eaux devenues trop acides attaquent la coquille des ptéropodes, ces « papillons de mer » qui font partie du zooplancton, à la base de la chaîne alimentaire des océans polaires.

Réaction de survie

Face à toutes ces menaces, les espèces marines réagissent. Celles qui le peuvent migrent vers d'autres latitudes ou en profondeur. La réduction des habitats concentre aussi des espèces dans certaines zones, les exposant à la surpêche. D'autres s'adaptent plutôt bien au réchauffement. Partout, les chaînes alimentaires se modifient, et il est difficile de prévoir à quoi ressembleront les futurs équilibres entre les êtres vivants.

Au secours du corail

Conjuguée à la hausse des températures, à la pollution et à la destruction par nos machines, l'acidification participe à la régression des récifs coralliens partout dans le monde. Heureusement, des associations comme Coral Guardian se mobilisent pour préserver les récifs existants et en recréer là où ils ont trop souffert, en installant des structures sous-marines rapidement colonisées par le corail, puis tout un écosystème.

Coral Guardian est une association française qui lutte pour la protection et la restauration des récifs coralliens, en impliquant les populations locales qui en dépendent.

Une biodiversité indispensable

Certaines espèces marines, comme le plancton, le corail et les plantes aquatiques, participent activement à l'atténuation du changement climatique en piégeant de grandes quantités de CO_2. On parle de « carbone bleu ». Préserver ces écosystèmes marins est donc essentiel dans la lutte pour le climat. Cela passe par la création de plus en plus d'aires marines protégées, qui formeront à terme un réseau à l'échelle mondiale.

La Fondation Tara Océan est un observateur spécial de l'ONU. Les recherches scientifiques menées dans le monde entier à bord de sa goélette ont une réelle influence sur les décisions internationales de protection des océans.

Petit geste éco

Adhère à une ONG comme Greenpeace ou Surfrider Foundation : elles interviennent sur le terrain et auprès des élus et des entreprises pour la préservation des océans et du littoral.

Déserts aquatiques

Avec l'augmentation de la température, l'oxygène se dissout moins bien dans les eaux de surface et pénètre plus difficilement dans les eaux profondes. Par endroits, notamment dans les tropiques, les taux d'oxygène sont si bas que cela crée des zones immenses vidées de toute forme de vie.

La posidonie, une plante à fleurs sous-marine, est l'un des symboles du « carbone bleu ». Elle forme d'immenses herbiers qui retiennent chaque année plus de 1 milliard de tonnes de CO_2 rien qu'en Méditerranée. Cette végétation est donc à préserver pour lutter contre le réchauffement climatique.

On trouve des glaciers partout dans le monde, y compris sous les tropiques. À quelques rares exceptions près, les 200 000 glaciers répartis sur Terre sont en train de disparaître, dont ceux du Kilimandjaro.

Les glaces fondent

Le devenir des zones gelées de la planète va jouer un rôle crucial dans l'évolution du changement climatique.

Que de glace !

Douce ou salée, la glace est présente un peu partout : dans les calottes et la banquise des pôles, dans les glaciers des montagnes, mais aussi dans le pergélisol (ou permafrost), ce sol restant gelé en permanence que l'on trouve aux hautes latitudes, en Sibérie et en Scandinavie par exemple. L'ensemble de ces zones glacées forme la cryosphère et recouvre 10 % de la surface de la Terre ! Mais, à cause du réchauffement de la planète, cette glace fond inexorablement...

Et la banquise, alors ?

La banquise est de l'eau de mer glacée qui flotte dans les eaux polaires. Quand elle fond, la quantité d'eau de mer reste inchangée, cela n'accroît pas le volume des océans. Comme lorsqu'un glaçon fond dans un verre ! C'est la fonte des glaces de terre, les glaciers, qui participe à la montée du niveau des mers.

De nombreux impacts

Cette fonte provoque la montée des océans et la réduction des réserves d'eau douce. Elle amplifie aussi le réchauffement climatique de 2 façons. En fondant, les surfaces glacées qui réfléchissaient les rayons du Soleil laissent place à des surfaces sombres (eau de mer, végétation, roche) qui retiennent cette chaleur. Et la fonte du pergélisol libère des milliers de tonnes de méthane, un puissant GES jusque-là piégé dans les sols gelés. Résultat, le réchauffement des pôles s'accélère !

Petit geste éco

Depuis l'interdiction des gaz CFC, le principal responsable du trou dans la couche d'ozone est l'oxyde d'azote, produit par l'utilisation d'engrais, la décomposition du fumier et les véhicules. Pour lutter contre, mange moins de viande, achète du bio et du local, et évite le plus possible la voiture.

Un trou là-haut...

Beaucoup croient que la fonte des glaces est causée par le « trou » dans la couche d'ozone, très étendu au-dessus de l'Antarctique. Mais c'est faux ! Ce trou et l'effet de serre sont bien provoqués par des gaz et touchent l'atmosphère, mais le trou de la couche d'ozone ne participe que très peu au réchauffement de la planète. En laissant plus de rayons ultraviolets nocifs atteindre la surface de la Terre, il augmente en revanche les risques de cancer de la peau et de maladie des yeux, et réduit la photosynthèse des plantes.

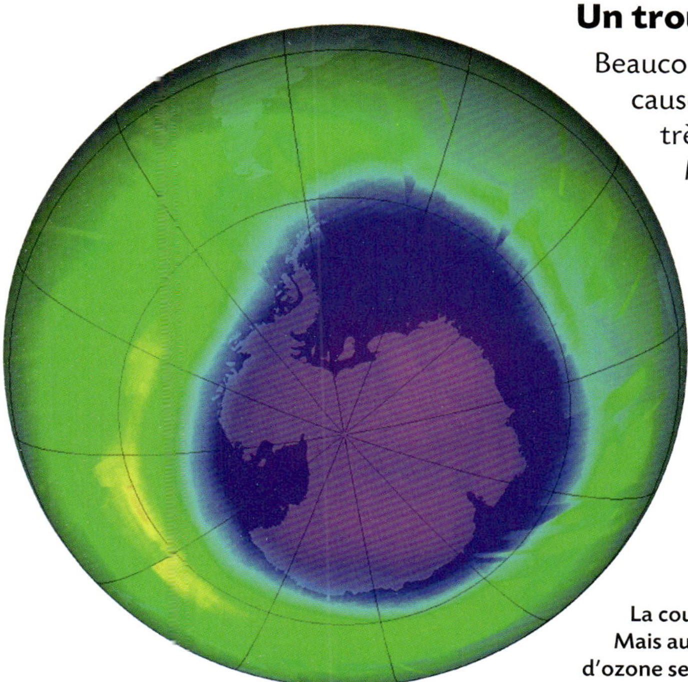

La couche d'ozone est normalement très épaisse. Mais aux printemps polaires, des gaz destructeurs d'ozone se concentrent au-dessus des pôles et « trouent » ce bouclier, laissant pénétrer bien plus d'UV. Ci-contre, le trou observé en 2010 au-dessus du pôle Nord.

Enfin une réussite pour l'environnement !

En 1985, on réalise que la couche d'ozone est attaquée par les CFC, des gaz utilisés dans les climatiseurs, les réfrigérateurs, les mousses et les aérosols. Dès 1987, le protocole de Montréal interdit l'usage de ces composés chimiques et, depuis quelques années, le trou a commencé à se résorber ! C'est la première réussite internationale dans le domaine de l'environnement.

16 septembre

Journée internationale de la protection de la couche d'ozone

L'eau douce se raréfie

L'eau douce ne représente que 2,5 % de toute l'eau présente sur Terre. Elle est précieuse… et de plus en plus rare, en partie à cause du réchauffement climatique.

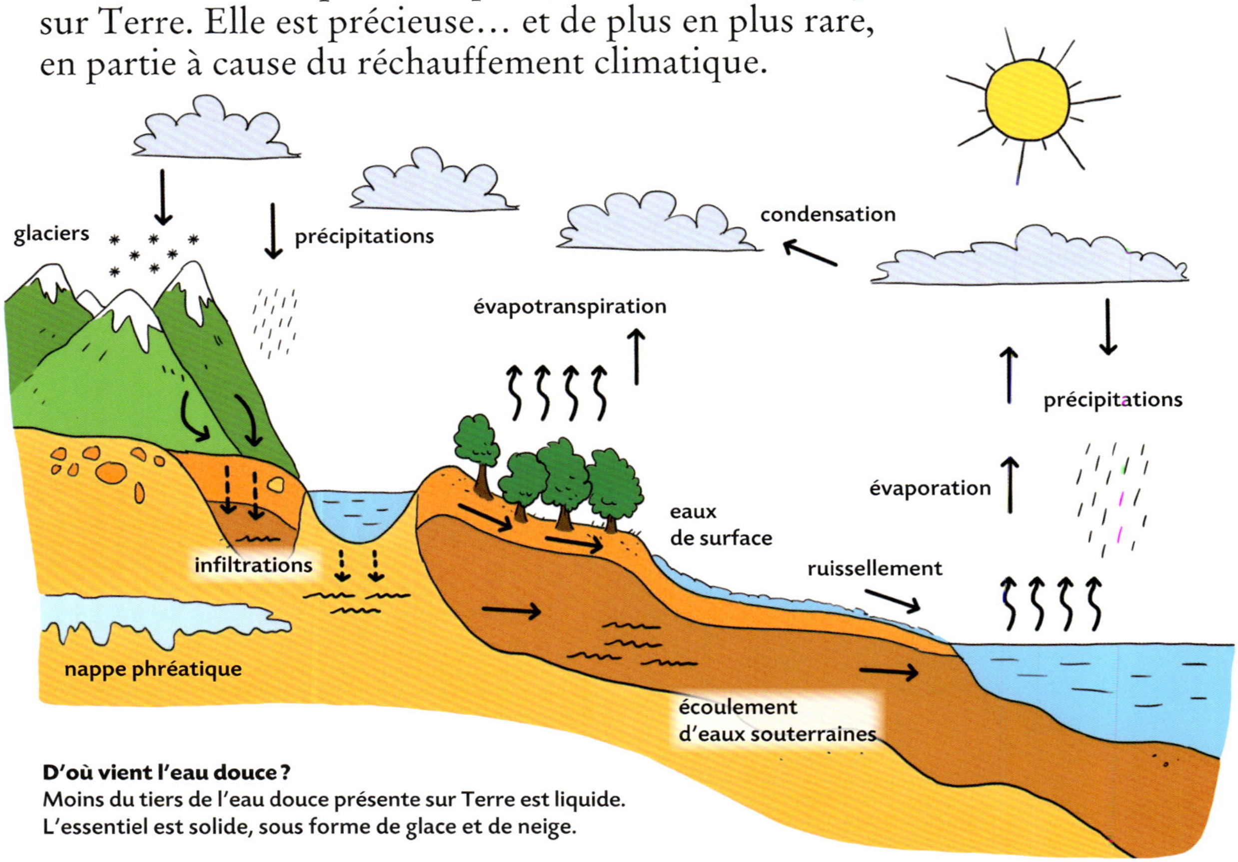

D'où vient l'eau douce ?
Moins du tiers de l'eau douce présente sur Terre est liquide. L'essentiel est solide, sous forme de glace et de neige.

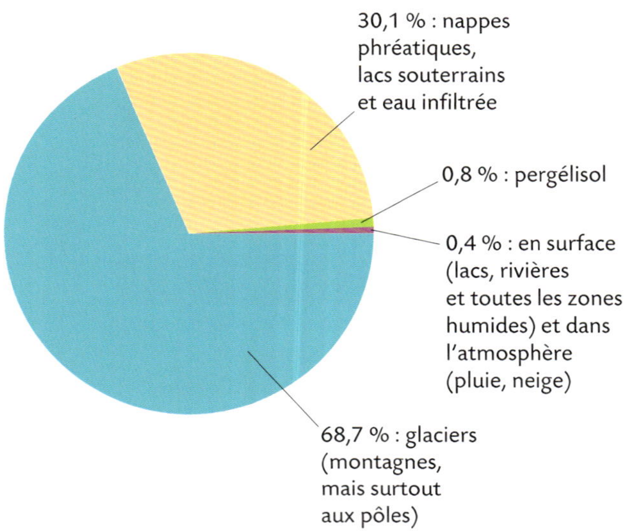

55 %

D'ici 2050, la demande en eau devrait bondir de 55 % car la population mondiale et la consommation d'eau ne cessent d'augmenter, alors que les réserves d'eau douce baissent. On parle de stress hydrique.

Petit geste éco

Évite les bains. Privilégie les douches : pour une durée raisonnable, elles consomment en moyenne 40 à 60 l d'eau (potable), contre 3 à 5 fois plus pour un bain.

Jusqu'aux profondeurs

En surface, l'eau douce se fait rare à cause des sécheresses, de plus en plus fréquentes, longues et étendues. Mais la moitié de l'eau potable consommée dans le monde provient des nappes phréatiques. Ces réserves souterraines qui ont mis des millénaires à se constituer sont déjà pompées avec excès et polluées, et les problèmes de sécheresse en surface n'arrangent rien, nous poussant à utiliser davantage ces sources...

Désalinisation : une vraie solution ?

Plus de 16 000 usines de désalinisation, ou dessalement, produisent de l'eau potable à partir d'eau de mer. Mais elles génèrent aussi beaucoup de rejets toxiques. Des recherches tentent de rendre ces technologies moins polluantes et de trouver comment valoriser ces déchets dans l'aquaculture, la production d'électricité ou encore le recyclage de métaux et de minéraux.

Mieux irriguer

L'irrigation des champs constitue la principale utilisation d'eau douce dans le monde... et une grande source de gaspillage : avec les méthodes classiques, jusqu'à la moitié de l'eau est perdue, non captée par les plantes. De nombreuses techniques d'irrigation plus efficaces existent aujourd'hui, et il est urgent de les déployer. On sait même récupérer la rosée dans les déserts ! Une autre alternative réside dans le choix de cultures moins gourmandes en eau, comme le sorgho à la place du maïs.

Aménage un jardin sec

Passé la première année, ton jardin ne nécessitera plus aucun arrosage ! Et grâce aux feuillages persistants, il restera attrayant en hiver.

- **Plantes méditerranéennes ou de terrains arides : cactus, plantes aromatiques (lavande, thym, romarin...), armoises...**
- **Gravier ou sable**
- **Arrosoir**

• Ces plantes détestent avoir les pieds dans l'eau. Si besoin, incorpore dans le sol une belle quantité de gravier ou de sable pour en drainer l'humidité.

• En automne, plante et arrose copieusement tes végétaux en créant une cuvette d'arrosage autour de chaque plant.

• La première année, arrose généreusement : 1 fois par mois en hiver et tous les 15 jours en été pour favoriser la pousse de racines en profondeur.

• Pour l'esthétique et empêcher la pousse de « mauvaises » herbes, recouvre le sol de graviers.

Les inondations côtières, causées par les plus grosses tempêtes qui avaient lieu 1 fois par siècle, pourraient se produire une fois tous les 10 ans... voire chaque année d'ici 2100 !

Les catastrophes naturelles se multiplient

Sécheresses, canicules, incendies, inondations, tempêtes... Sous l'effet du réchauffement climatique, tous ces phénomènes naturels se multiplient, s'intensifient, s'étendent plus largement et durent plus longtemps !

Les phénomènes climatiques extrêmes de 2019

Chaque année, les données météorologiques sont analysées et comparées pour permettre de suivre l'évolution du climat. En 2019, partout dans le monde, de nombreux records ont été battus.

Les températures ont été anormalement hautes, à tel point que ce fut l'année la plus chaude jamais enregistrée en Australie, la 2e année la plus chaude de l'histoire de l'Europe et de l'Amérique du Sud, ainsi que la 3e pour l'Afrique et l'Asie.

Aux États-Unis, en Russie, en Inde et en Chine, les pluies diluviennes ont entraîné des inondations records.

Les Bahamas, dans les Caraïbes, ont été touchées par l'ouragan Dorian, le plus puissant à avoir jamais frappé ces îles. En mer d'Arabie, c'est le cyclone Kyarr, l'un des plus violents jamais enregistrés, qui a sévi.

Les pôles n'ont pas été épargnés. L'océan Arctique a connu sa 2e plus faible étendue de banquise en été, et l'Antarctique sa 7e.

Les satellites jouent un rôle primordial dans l'étude du climat. Depuis l'espace, ils ont une vue imprenable sur les cyclones, les incendies, les inondations...

Force bleue

Le réchauffement de la planète remet en question tous les grands équilibres naturels. Le cycle de l'eau, par exemple, est perturbé. Dans certaines régions, les pluies diluviennes provoquent de plus en plus souvent des inondations et des glissements de terrain, tandis qu'il ne pleut quasiment plus dans d'autres régions du monde, ce qui cause de terribles sécheresses. On prévoit qu'en mer, le nombre total de cyclones n'augmentera pas, mais qu'ils seront plus puissants.

Force rouge

Canicules et sécheresses favorisent la survenue d'incendies qui détruisent des milliers d'hectares d'arbres sans être arrêtés par la pluie (qui ne tombe plus). Ces forêts mettront des années à pouvoir à nouveau jouer leur rôle de puits de carbone. En brûlant, la végétation libère des milliers de tonnes de CO_2 et d'autres GES qui retournent dans l'atmosphère, où ils amplifient le réchauffement climatique. Un vrai cercle vicieux !

Nature protectrice

Impossible pour nous d'arrêter ces catastrophes naturelles. Mais en intensifiant nos actions contre le dérèglement climatique, nous pouvons encore éviter que le système s'emballe. La nature peut aussi faire rempart. Les zones humides et les forêts temporisent les crues et donc les inondations, les récifs coralliens et les cordons dunaires cassent les vagues, évitant la submersion des côtes. Mais encore faut-il protéger ces écosystèmes ou les recréer là où ils ont disparu.

Petit geste éco

Un feu de camp à la belle étoile peut être magique... ou dramatique en cas d'incendie. Toujours accompagné d'un adulte, choisis un endroit éloigné de toute végétation, à l'abri du vent et où les feux sont autorisés.

Les espèces doivent s'adapter

Le dérèglement climatique modifie l'habitat et chamboule les rythmes naturels de la faune et de la flore. 2 choix rapides s'offrent aux espèces pour éviter de disparaître : modifier leur mode de vie ou se déplacer.

Changer de rythme

Avec des hivers plus doux et plus courts depuis quelques décennies, fleurs et feuilles apparaissent plus tôt pour de nombreux arbres. Même chose pour la reproduction de nombreux animaux. Mais attention aux problèmes de synchronisation : s'il y a un décalage entre les naissances et la présence de nourriture pour ces petits, c'est toute une génération qui peut mourir !

L'harmonie rompue

Dans un écosystème, les populations vivent en équilibre les unes avec les autres et évoluent ensemble. Mais le changement climatique provoque l'arrivée rapide de nouvelles espèces et la disparition d'autres. Cela crée de nouveaux équilibres entre les espèces, impossibles à anticiper.

Quelques exemples d'espèces impactées par le changement climatique

Le **bruant jaune** est un oiseau qui apprécie les climats froids. En France, sa population a chuté de 40 % en 10 ans.

La pluie était autrefois absente en Antarctique, à cause du froid. Elle provoque de nos jours des hécatombes parmi les poussins de **manchots** car, leur duvet n'étant pas imperméable, ils se refroidissent et meurent par milliers.

D'ici 2055, le climat (devenu trop sec et trop chaud en plaine) devrait fortement réduire l'aire de répartition du **pin sylvestre** en France.

Les larves du **moustique tigre** se développent dans l'eau stagnante. Cet insecte originaire d'Asie tropicale et porteur de nombreuses maladies est maintenant largement présent dans le sud de la France.

Le renard roux envahit peu à peu le territoire du renard arctique en suivant l'expansion des feuillus vers le nord. Chassant ses proies, tuant ses petits et le délogeant de ses terriers, il lui laisse peu de chances de survivre.

Partir ou rester

Pour continuer à vivre dans un environnement adapté à leur mode de vie, beaucoup d'animaux sont contraints de fuir les augmentations de température ou les sécheresses trop longues. Ils migrent plus haut dans les montagnes, plus loin vers les pôles, que ce soit sur terre ou dans les mers... ce qui déséquilibre les écosystèmes. À l'inverse, l'hiver étant de plus en plus doux, d'autres espèces n'ont plus besoin de migrer et deviennent sédentaires, comme les cigognes.

Disparaître

Tous les êtres vivants n'ont pas la capacité de fuir ou de s'adapter suffisamment vite aux évolutions si rapides du climat. L'ours polaire est l'un des emblèmes de ces espèces probablement condamnées à disparaître à cause de la disparition de leur habitat, en l'occurrence la banquise. Pour d'autres espèces, la cause viendra plutôt d'incendies incontrôlables et étalés dans la durée, comme ceux qu'ont connus l'Australie, la Russie et l'Amazonie en 2019.

Petit geste éco

Plus tes amis et toi connaîtrez les espèces qui vous entourent, plus vous aurez envie de les protéger et d'encourager vos proches à en faire de même. Rejoignez un club nature ou une association qui organise des sorties naturalistes (*voir* p. 182).

Les inégalités s'accroissent

La multiplication des événements météorologiques extrêmes met en danger des millions de personnes, en particulier dans des zones déjà fragilisées. Lutter contre le réchauffement climatique, c'est aussi réduire les inégalités !

Mauvaise pioche

Les régions du monde les plus touchées par les conséquences du réchauffement climatique sont principalement des zones déjà défavorisées, où se situent les pays en voie de développement. L'équateur et les tropiques sont impactés par les sécheresses, l'élévation du niveau des océans, les inondations, les tempêtes et les cyclones. Aux pôles, les populations, pauvres, ont de plus en plus de mal à entretenir leur économie, basée sur la pêche et la présence de la banquise, qui fond inexorablement...

L'Afrique et la sécheresse

L'Afrique australe, où l'augmentation des températures est 2 fois plus rapide que la moyenne mondiale, subit une sécheresse depuis une trentaine d'années. Des ONG humanitaires apportent une aide alimentaire et médicale à des millions de personnes risquant la famine suite à de très faibles récoltes et au manque d'eau potable. Mais cette aide est loin d'être suffisante face à l'ampleur de la crise.

Inégalités techniques

Tous les pays ne disposent pas des mêmes ressources pour faire face aux effets du changement climatique. Il est plus facile pour les riches pays du Golfe que pour les pays africains de produire de l'eau potable (à coût élevé) en désalinisant l'eau de mer. Et quand les Pays-Bas ou Venise construisent des digues de haute technologie, celles du Bangladesh restent très rudimentaires.

En 2018, le président de la Banque mondiale a déclaré : « Les Africains ont très peu contribué aux émissions de CO_2 mais subissent l'impact le plus dévastateur du changement climatique. Le monde entier a une dette envers l'Afrique. »

Des réfugiés d'un nouveau genre

Les catastrophes engendrées par le changement climatique poussent des milliers de personnes à quitter leur foyer. Les premiers réfugiés climatiques sont ceux dont les terres ont commencé à disparaître sous l'effet de la hausse du niveau des mers. Le réchauffement amplifie aussi les famines (sécheresses, inondations) et est même à l'origine de conflits armés, poussant toujours plus de personnes à fuir, souvent dans des régions voisines. Peu traversent des continents.

Le HCR, l'agence des Nations unies pour les réfugiés, réduit l'impact des camps de réfugiés sur l'environnement en y installant des centrales photovoltaïques, des récupérateurs d'eau de pluie et des usines de traitement des eaux usées, ou en y menant des projets de reforestation.

Petit geste éco

Le Secours populaire, Les Restos du cœur, Médecins du monde, Emmaüs... De très nombreuses associations viennent en aide aux réfugiés, quelles que soient les raisons qui les ont poussés à quitter leur pays. Soutiens-les avec des dons réguliers ou rejoins leur équipe de bénévoles.

La santé du monde

Depuis plusieurs décennies, l'espérance de vie augmentait à travers le monde : plus on était né récemment, plus on avait de chances de vivre vieux. Mais cette tendance s'inverse. À cause du dérèglement climatique, la productivité agricole chute, entraînant de la malnutrition, les maladies transmises par les moustiques et l'eau s'étendent plus largement, les effets de la pollution (insuffisances respiratoires, cardiaques...) sont amplifiés dans un climat plus chaud.

Le réchauffement climatique affecte aussi les traditions ancestrales, les croyances religieuses, notamment celles liées aux glaciers, qui disparaissent.

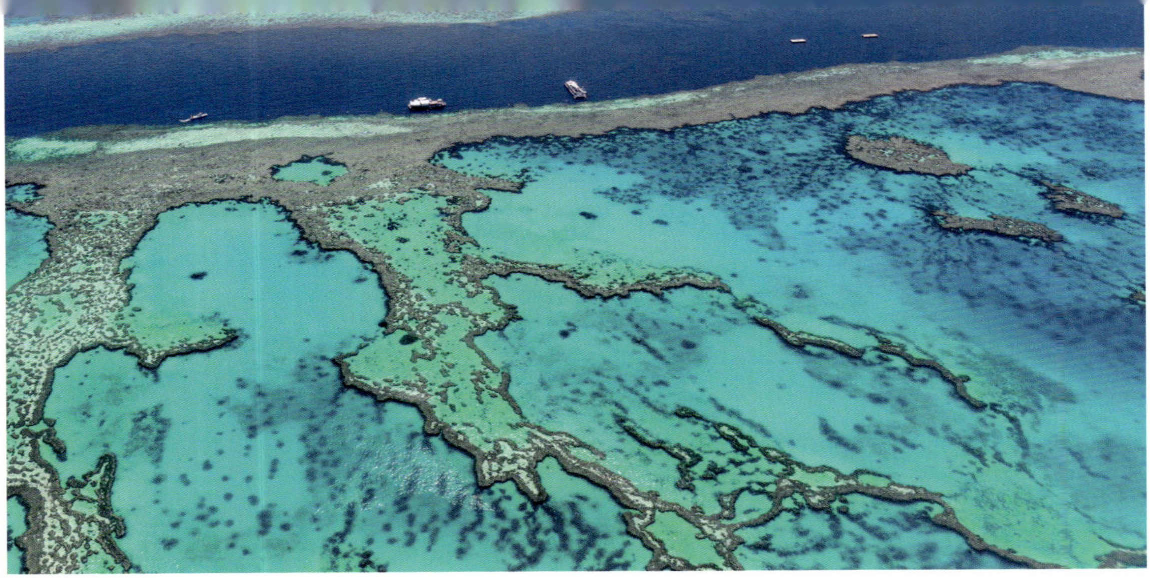

Avec + 2 °C sur Terre, 99 % des coraux disparaîtraient. Une hausse de la température limitée à 1,5 °C permettrait d'épargner 10 à 30 % des récifs coralliens.

L'urgence d'agir

Le réchauffement climatique a des répercussions à tous les niveaux : sur la biodiversité, mais aussi sur la santé humaine, l'agriculture et l'économie. Il est encore temps de réduire ces impacts, mais il y a urgence !

Précieux 0,5 °C...

Dans leur rapport de 2018, les experts du Giec insistent sur l'urgence de limiter le réchauffement à 1,5 °C plutôt qu'à 2 °C d'ici 2100... car les impacts négatifs de ce demi-degré font froid dans le dos ! Le niveau des mers s'élèverait de 10 cm de plus, les prises de poissons seraient 2 fois plus réduites, 2 fois plus d'espèces de vertébrés et de plantes disparaîtraient, et 3 fois plus d'insectes...

La neutralité carbone

C'est le fait de ne pas émettre plus de GES que ce que l'on peut absorber.

Petit geste éco

Convaincs ton directeur d'école ou ton principal de collège d'inscrire ton établissement au réseau des Éco-écoles (*voir* p. 183).

L'une des meilleures façons d'extraire du CO_2 de l'atmosphère est de planter des arbres, tout simplement !

Des objectifs à revoir

Si les pays s'en tiennent aux promesses individuelles qu'ils ont faites lors de l'accord de Paris en 2015, une hausse d'au moins 3 °C est à craindre...
Les objectifs à atteindre seront donc révisés à la hausse tous les 5 ans à partir de 2025 pour espérer se limiter à 1,5 °C. Le but : réduire de 40 à 70 % les émissions de GES entre 2010 et 2050, puis viser la neutralité carbone. Cela reste possible si les États s'engagent enfin dans des objectifs contraignants... puis les respectent, ce qui est encore trop peu le cas !

L'une des priorités est la sauvegarde des mangroves : ces forêts aux « pieds » dans l'eau protègent les côtes des tempêtes en cassant la force des vagues et des vents, et limitent l'érosion des terres.

Climatosceptiques

Ces personnes ne veulent pas croire à l'existence du changement climatique ou, en tout cas, refusent de considérer que les humains en sont les principaux responsables. Elles sont de moins en moins nombreuses !

Le maître mot : changement

D'après le Giec, les lois de la physique et de la chimie permettent encore de limiter le réchauffement à 1,5 °C si nous opérons des changements « rapides, majeurs et sans précédent dans tous les aspects de la société ». Cela passe par un investissement massif dans le développement durable (*voir* p. 160-161), l'invention de technologies efficaces de capture et stockage du CO_2, le déploiement des énergies renouvelables, et surtout plus de sobriété : consommer moins et mieux !

Les COP

Le monde a commencé à s'inquiéter du changement climatique à la fin des années 1980. Depuis 1995, 195 États se réunissent une fois par an, lors d'une Conférence des parties : COP (Conference of the Parties). L'objectif ? Progresser tous ensemble dans la lutte contre le changement climatique. Si la COP15 (Copenhague, 2009) a été un échec, la COP21 (Paris, 2015) a permis la signature du premier accord universel sur le climat : contenir le réchauffement climatique en deçà de 2 °C d'ici 2100.

Adopté par presque tous les 195 pays, l'accord de Paris acte une aide concrète d'un minimum de 100 milliards de dollars par an des pays riches aux pays pauvres pour les aider dans leur transition écologique.

PLANETE
CAPITALISME

Si les populations ont, pour la plupart, bien saisi les enjeux que pose une crise écologique, c'est à présent aux États et aux entreprises d'adapter leur système de fonctionnement.

BÂTIR LE MONDE DE DEMAIN

L'heure est grave : une évolution profonde de la planète est en cours. Mais en nous y mettant tous ensemble, en associant petits gestes individuels et grandes actions collectives, nous, les Terriens, pouvons encore décider du monde que nous voulons pour l'avenir.

Manifester, militer ou informer sont aussi des gestes pour la planète !

Avancer, c'est possible

Soigner la planète peut paraître si difficile qu'il n'est pas rare de se sentir impuissant. Cela porte même un nom : l'éco-anxiété, ou solastalgie. Le meilleur remède est l'action, et c'est en agissant tous ensemble que nous changerons les choses !

L'écosystème mondial

Malgré une prise de conscience écologique mondiale dès les années 1970 et de nombreux sommets internationaux sur l'écologie, la situation planétaire n'a cessé d'empirer. Les intérêts des pays et des grands groupes industriels passent avant l'écologie, et les solutions à mettre en place sont particulièrement complexes dans un système où tout est lié.

Une action globale nécessaire

Parce qu'on ne peut repenser l'agriculture sans repenser tout le reste (énergie, transports, politiques, économie, industrie...), et parce chaque situation est unique, l'action doit être à la fois globale et adaptée localement. Il est ainsi essentiel que les Terriens, et donc les États, agissent collectivement, au-delà de toute frontière, dans un but commun.

Le tremplin des crises

Les crises de nos sociétés révèlent la fragilité de ces dernières et l'extraordinaire capacité des humains à s'adapter. Elles sont aussi l'opportunité d'emprunter un nouveau chemin, comme celui de l'écologie. À l'urgence climatique s'est ajoutée en 2020, avec la pandémie de Covid-19, une double crise mondiale : sanitaire et économique. L'occasion pour notre monde de se réinventer ?

Petits et grands gestes

Les petits gestes individuels peuvent réduire les émissions de GES de 25 à 40 %, poussent les industriels à s'adapter et réveillent les consciences. Mais seuls, ils ne suffisent pas. Ils doivent s'accompagner de grands gestes collectifs qui forcent les politiques à œuvrer dans le bon sens : élections, initiatives citoyennes, manifestations, pétitions des activistes et des médias. Tous les actes, à tous les niveaux, sont utiles et nécessaires : plus ils seront nombreux, plus vite les choses bougeront.

L'association Emmaüs est un exemple parfait de l'alliance entre écologie et social : en aidant des milliers de personnes en difficulté et en vendant des objets d'occasion, elle participe à la réduction des déchets et à l'économie des ressources.

L'écologie est aussi traitée au cinéma. En 2015, l'actrice française Mélanie Laurent réalise avec Cyril Dion le documentaire *Demain*, montrant des initiatives environnementales et sociales mises en œuvre avec succès aux 4 coins du monde.

Écologie et égalité

Comment lutter pour le climat quand on lutte déjà pour survivre ? Les problèmes environnementaux et sociaux sont étroitement liés. C'est pourquoi petits et grands gestes, actions locales et globales ne peuvent se passer de social pour être efficaces : ils doivent s'accompagner de l'égalité de tous les citoyens, à commencer par une meilleure répartition des richesses.

Petit geste éco

Convaincs ta famille, tes proches et même tes copains de s'intéresser à l'écologie. Leurs petits gestes s'ajouteront aux tiens. Ensemble, vous serez encore plus utiles !

Un avenir durable ?

Nos sociétés doivent être repensées de façon durable pour subvenir aux besoins d'une population toujours plus nombreuse, tout en préservant la planète pour les générations futures. États, entreprises, associations, individus, tous ont leur rôle à jouer.

Du 30 mai au 5 juin

Semaine européenne du développement durable

Développement durable

En 1987, le rapport Brundtland de l'ONU définit officiellement pour la première fois le développement durable, en tant que « mode de développement qui répond aux besoins des générations présentes, sans compromettre la capacité des générations futures de répondre aux leurs ».

Des mots, des idées, des actions

L'idée d'intégrer la protection de l'environnement dans nos actions présentes afin de laisser aux générations futures une planète en bon état fait partie du concept de développement durable (ou soutenable). On la retrouve aussi dans les notions de décroissance, résilience, croissance verte ou encore transition écologique, solidaire ou énergétique. Chacun de ces termes représente une vision différente, avec ses spécificités propres, des actions à mener pour bâtir un monde plus écologique (*voir* p. 184-185).

Créer des écosystèmes

Penser durable, c'est faire en sorte que l'impact de nos activités soit, à long terme, le plus faible possible sur l'environnement. C'est rapprocher au maximum nos sociétés d'un écosystème en équilibre, où tout ce qui est consommé est recyclé, où les déchets redeviennent des matières premières. Sobriété, renouvelable et économie circulaire en sont les clés.

Petit geste éco

Tu participes à un projet de classe ? Pense-le de telle sorte qu'il ait le plus faible impact possible sur l'environnement.

Associer les 3 piliers

Si la préservation de l'environnement est centrale pour un avenir durable, reconsidérer l'économie et le social de manière globale et locale est également essentiel. Ces 3 grands domaines d'action sont appelés les piliers du développement durable : ce n'est qu'en travaillant sur les 3 à la fois que nous pourrons assurer à tous, aujourd'hui et demain, un accès aux besoins vitaux, à la santé et à l'éducation, tout en protégeant la biodiversité et en luttant contre le changement climatique.

Des entreprises durables

Les entreprises jouent un rôle essentiel dans la construction d'un avenir durable. De l'approvisionnement en matériaux écoresponsables à la mise à disposition de vaisselle réutilisable pour leurs employés, en passant par une production en circuits courts et plus locale ou encore la réduction et le recyclage de leurs déchets… les actions à mettre en place ne manquent pas pour les rendre plus « vertes » !

17 objectifs de développement durable pour 2030

Définis par l'ONU, ils proposent d'associer écologie et social dans une lutte commune. En donnant les clés pour combattre pauvreté, inégalités, problèmes climatiques et dégradation de l'environnement, tout en assurant prospérité, paix et justice, ils ouvrent la voie à un avenir meilleur et plus durable pour tous.

Revenir à la simplicité

Un futur plus « vert » ne peut s'envisager sans la sobriété : réduction de la production, de la consommation de produits, de matières et d'énergie.

Écouter nos besoins

La sobriété consiste à réduire le superflu et peut être appliquée par tous. S'interroger sur le besoin réel et adapter l'usage d'un produit au strict nécessaire sont les clés d'un quotidien plus sobre. Cette simplicité peut se construire de 4 façons :

• Adopter une meilleure organisation, pour réduire le gaspillage, par exemple. Et si l'on triait ses vêtements en fonction de leur saleté, pour ne les laver que lorsqu'ils en ont vraiment besoin ?

• Adapter la dimension de nos équipements à la réalité de leur utilisation. A-t-on vraiment besoin pour la maison de ce lave-linge d'une capacité de 9 kg ?

• Utiliser au mieux les appareils pour en réduire la consommation. C'est la sobriété d'usage. Reste-t-il de la place dans le lave-linge ?

• Partager le matériel autant que possible pour aboutir à une sobriété conviviale et faire des économies. Pourquoi ne pas laver les affaires de ton copain d'à côté ?

Surconsommation

C'est le fait de consommer plus que nécessaire. Conséquence de la surproduction, elle est apparue avec la société de consommation. On peut surconsommer de la nourriture, de l'énergie, des vêtements, des jouets...

Petit geste éco

Tu ne sais pas quoi faire de ton jean abîmé ou troué ? Répare-le ! Pense au tissu thermocollant, par exemple. Si ça n'est pas possible, donne-lui une seconde vie en le donnant ou en le transformant (*voir* p. 164-165).

Vivre autrement

La sobriété, aussi nommée frugalité, simplicité volontaire ou minimalisme, est une manière de vivre plus simplement, proche de la nature, où l'on se détache du matériel pour se concentrer sur l'essentiel... et être plus heureux. C'est l'une des bases de la pédagogie de certaines écoles alternatives, où les élèves apprennent l'empathie, la créativité ou encore le travail d'équipe.

Pour l'association négaWatt, qui forme des particuliers à la sobriété énergétique et propose des alternatives aux décideurs et aux gouvernements, la résolution des problèmes d'énergie commence par cette sobriété. Ensuite, seulement, viennent l'efficacité et les énergies renouvelables.

Plus sobre, plus durable

Même si l'efficacité énergétique, les innovations technologiques, la dématérialisation ou encore le recyclage peuvent faire partie des solutions pour bâtir un monde durable, elles ne sont pas aussi efficaces que la sobriété !

L'effet rebond

Consommer moins d'énergie pour une même tâche, c'est à la fois être plus sobre et plus efficace. Mais sans sobriété, l'efficacité peut mener à une consommation supérieure. C'est l'effet rebond. La 5G (*voir* p. 103) en est un très bon exemple. Ce réseau, qui promet plus de sobriété énergétique, risque en effet de provoquer une augmentation des échanges... et donc une utilisation d'énergie et de ressources plus importante. C'est le contraire de la sobriété.

L'argile est un matériau qui retient la fraîcheur et l'humidité. Certains « frigos » sont ainsi faits main et ne consomment aucune énergie. Cette logique de sobriété est suivie, par exemple, par l'entreprise indienne Mitticool, qui fabrique et commercialise des réfrigérateurs « low-tech » en argile.

Réapprendre à faire

Vivre sobrement, c'est aussi réapprendre à faire par soi-même. En plus, réparer ou recycler ce qui est abîmé ou n'est plus utilisable permet de lutter contre le gaspillage et pour la préservation des ressources !

Fabrique ton sac à vrac

L'idéal pour éviter les emballages est d'acheter des produits « en vrac » et de les transporter dans des sacs réutilisables. Si ton sac donne une nouvelle vie à de vieux tissus, c'est encore mieux !

- **Tissu fin et solide (vieille chemise, ancien rideau... en fibres naturelles de préférence !)**
- **Aiguille pour tissu fin**
- **Fil à coudre**
- **Ciseaux**
- **Carré de papier de 30 × 30 cm**
- **Cordelette solide**
- **Épingle à nourrice et épingles**
- **Table et fer à repasser**
- **Machine à coudre (facultatif)**

1. Accompagné d'un adulte, plie ton tissu en 2 en plaçant à l'intérieur la partie qui sera l'extérieur du sac. Repasse-le.

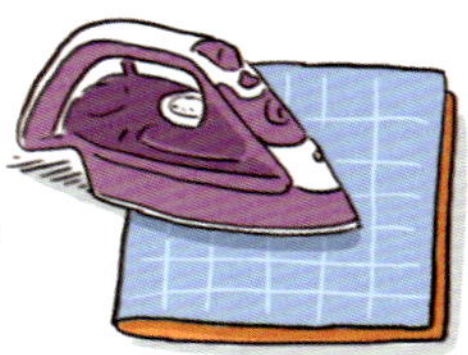

2. Pose le papier sur le tissu plié et accroche-le avec des épingles. Découpe le tissu en gardant 1 cm de marge, sauf sur le côté correspondant au pli.

3. Pose ton tissu de manière que le côté plié soit à gauche. Fais des ourlets le long du côté droit.

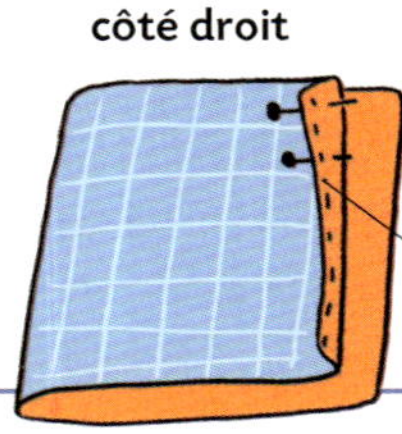

4. Crée un double ourlet (ce sera la glissière) sur le côté supérieur : plie ton tissu sur 1 cm, puis à nouveau sur 2 cm. Repasse et ajoute des épingles pour tenir le tout. Il faut ensuite coudre en points droits le long de cet ourlet.

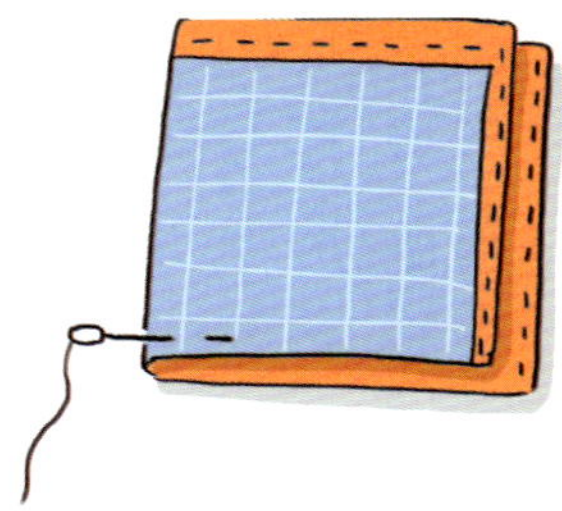

5. Couds ensemble les 2 couches du bas puis celles du côté droit en repassant plusieurs fois sous la glissière (où sera la ficelle).

6. Accroche ta cordelette à l'épingle à nourrice afin de la faire passer à l'intérieur de la glissière.

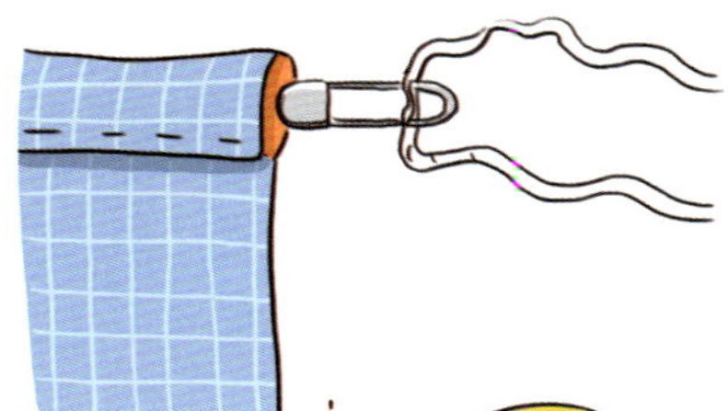

7. Retourne ton sac : il est prêt à contenir aliments, courses, linge sale… tout ce que tu veux !

L'éponge *tawashi*

Les éponges *tawashi*, très efficaces, donnent une utilité à de vieux habits et permettent d'éviter d'acheter des éponges.

- **Planche de bois (20 × 20 cm minimum)**
- **28 clous et marteau**
- **2 vieux tissus « en tube » de couleurs différentes, d'environ 8 cm de large : des manches, des chaussettes, un collant…**
- **Crayon, équerre**
- **Ciseaux**

1. Avec l'aide d'un adulte, crée d'abord un métier à tisser : dessine sur la planche de bois un carré de 16 cm de côté. Fais une marque au crayon tous les 2 cm sur chaque côté, puis plante un clou sur chaque marque, sauf aux angles. Ton métier à tisser est prêt !

2. Dans chaque tissu, découpe 7 bandes de 2 à 3 cm de large pour en avoir 14 en tout.

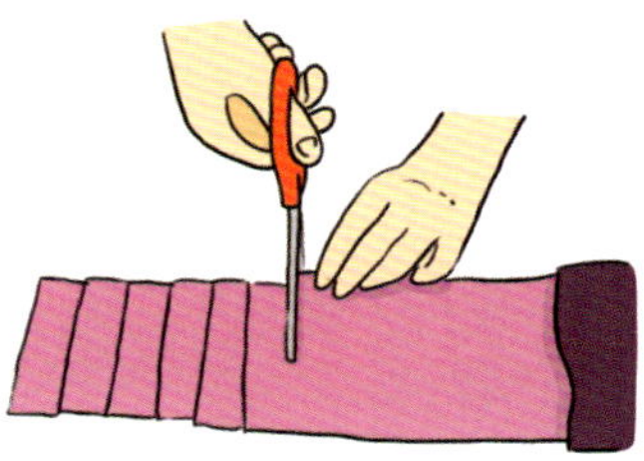

3. Place les 7 bandes d'une première couleur sur ton métier à tisser, parallèles les unes aux autres, en accrochant les extrémités de chaque bande sur 2 clous de part et d'autre du carré.

4. Place les 7 bandes de la 2de couleur en quadrillage avec celles déjà posées, en passant la 1re bande au-dessus de la 1re ligne, en dessous de la 2e, au-dessus de la 3e… Le croisement de la 2e bande est inverse : d'abord en dessous de la 1re ligne, puis au-dessus de la 2e… Et ainsi de suite jusqu'à la dernière bande.

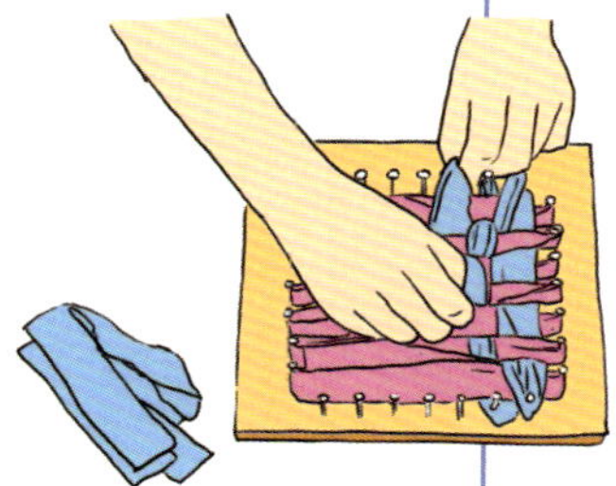

5. Sors une boucle et passe à l'intérieur de celle-ci la boucle d'à côté. Dans cette 2e boucle, passe la boucle suivante, et ainsi de suite jusqu'à avoir fait tout le tour. Pour finir, serre bien lorsque tu places l'avant-dernière boucle dans la dernière.

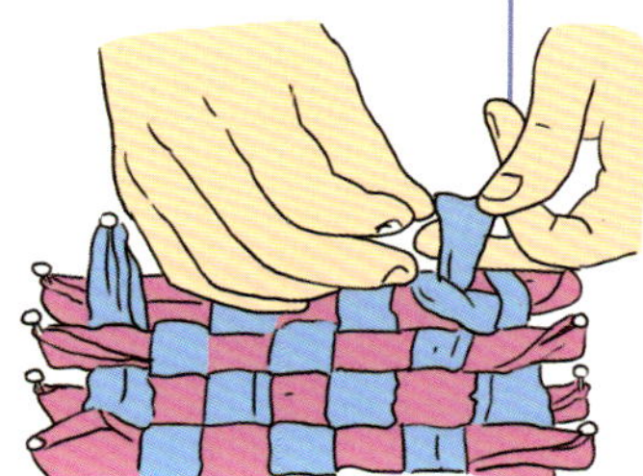

Ton éponge écolo est prête !

Petit geste éco

Avant d'acheter quelque chose, demande-toi si tu ne peux pas le fabriquer toi-même !

Depuis les premières, en 2014, les marches pour le climat sont de plus en plus nombreuses chaque année dans le monde. Ici, une marche en Australie.

Militer pour un monde meilleur

Face à l'urgence, le rôle des militants écologistes est plus vital que jamais. Dans le monde entier, des jeunes l'ont bien compris et unissent leurs voix dans des mouvements historiques. En route pour le changement !

Des actions nécessaires

Les militants sont indispensables aux avancées en écologie. Leurs actions permettent à la fois d'informer, de sensibiliser, de stopper projets et actes nocifs, de faire progresser les politiques et la loi, de proposer des solutions et de montrer que des alternatives existent.

Agir globalement et localement

Les actions organisées à l'échelle mondiale par les mouvements internationaux sont importantes. Mais il est aussi nécessaire d'agir au niveau local en participant à la création d'initiatives dans son école, son quartier ou sa ville.

Dénoncer, désobéir, occuper

Il faut parfois avoir recours à des manières très directes de militer : l'association L214 dénonce, à l'aide de caméras cachées, les mauvais traitements des animaux d'élevage ; le mouvement Extinction Rebellion refuse pacifiquement de se soumettre à certaines lois (désobéissance civile non violente) lors de ses actions, pour troubler la circulation, par exemple...
Dans d'autres cas, pour empêcher un projet de construction, les militants occupent un lieu, comme à Notre-Dame-des-Landes, en France, entre 2009 et 2018, pour s'opposer (avec succès !) à un projet d'aéroport.

Soutenir les actions

Soutenir les associations, les ONG ou les mouvements écologistes est un des gestes militants les plus importants : il permet le relais de leurs actions et aide à la mobilisation lors de manifestations ou de grèves. De même, une visibilité leur est nécessaire pour recueillir des dons car, sans financement, pas d'action... et pas d'impact !

L'ONG Greenpeace est la spécialiste des opérations commandos de dénonciation, où quelques personnes cherchent à prendre sur le fait des actes illégaux, comme la chasse aux baleines.

Se faire entendre

De nombreux militants à travers le monde, essentiellement des jeunes filles, choisissent de s'adresser aux décideurs par le biais de discours ou de messages sur les réseaux sociaux : Greta Thunberg (Suède), Vanessa Nakate (Ouganda), Ridhima Pandey (Inde), Saoi O'Connor (Irlande), Jean Hinchliffe (Australie), Ralyn Satidtanasarn (Thaïlande), Alexandria Villaseñor (États-Unis)... et elles sont loin d'être les seules !

Greta Thunberg

Pour protester contre l'inaction des États face au changement climatique, la Suédoise Greta Thunberg, alors âgée de 15 ans, initie en 2018 une grève de l'école qui deviendra un mouvement international : « Fridays for future » (les vendredis pour le futur). Ses discours face aux décideurs, notamment au siège de l'ONU en 2019, marquent les esprits et font d'elle une icône mondiale de la lutte écologiste.

Petit geste éco

Pourquoi ne pas créer un groupe d'information sur le climat ? Intéresse-toi au mouvement « Youth for climate » (jeunesse pour le climat), et vois s'il en existe une antenne locale près de chez toi : tu pourras y récolter des conseils.

Se déplacer plus « vert »

La résolution des problèmes de mobilité est assez complexe, tant les réponses varient en fonction des situations (déplacement des personnes ou transport des marchandises, ville ou campagne, trajet court ou long) et d'un territoire à l'autre. Dans tous les cas, la sobriété est essentielle.

Mobiles... à quel prix ?

Le secteur des transports est responsable de 40 % des émissions mondiales de GES, d'une intense pollution de l'air, de nuisances sonores et d'artificialisation des sols. Il est urgent de réduire les circulations routière et aérienne, principales responsables de son impact, en adoptant des modes de transport plus écologiques, en cessant l'élargissement des villes pour favoriser les trajets courts, en repeuplant et en dynamisant les campagnes et en favorisant le télétravail.

Faciliter la mobilité douce

Les alternatives de mobilité peu polluantes doivent être pratiques, agréables et accessibles à tous. Pour éviter de puiser davantage dans les ressources, elles doivent aussi s'appuyer sur l'existant. Ainsi, l'aménagement d'aires piétonnes, de réseaux denses de pistes cyclables et de transports en commun, la réservation de voies routières pour les bus et la rénovation des voies de chemin de fer sont des priorités, avant de penser à changer les voitures elles-mêmes.

Le train est le moyen de transport le moins polluant sur les longues distances. Il mériterait de retrouver une place centrale dans nos voyages et le transport des marchandises.

Biogaz et biocarburant

Des carburants moins nocifs pour l'environnement existent ! Le biogaz est utilisable dans nos voitures et reste le meilleur substitut aux carburants fossiles. Il est cependant trop peu produit pour être généralisé. De même, afin de conserver les terres agricoles pour l'alimentation, l'utilisation du biocarburant doit être restreinte (à l'aviation, par exemple), car il provient directement de cultures, à moins de recourir aux biocarburants de 2e et de 3e génération (*voir* p. 59).

Le carburant idéal...

... c'est celui qu'on ne consomme pas ! Mais il faut pourtant bien se déplacer. Le mieux est d'associer dans notre consommation biogaz, biocarburant et électricité, pour ne plus piller les ressources de la planète.

Un futur électrique ?

L'électricité est considérée comme l'un des carburants de demain, mais est-ce vraiment la solution ? Si les véhicules électriques n'émettent pas de pollution en circulant, passer au 100 % électrique signifie un remplacement massif de véhicules et d'infrastructures, ainsi qu'une augmentation de la production d'électricité. De plus, la construction de batteries (dont la durée de vie est limitée) indispensables à ces véhicules nécessite des ressources rares.

Grâce à un excellent réseau de pistes cyclables et d'autoroutes pour vélos, plus de la moitié des habitants de Copenhague (Danemark) vont au travail à vélo tous les jours !

L'autopartage est un bon complément au vélo et aux transports en commun : il permet d'utiliser une voiture de façon partagée, pour les besoins exceptionnels, sans avoir à en posséder une.

Petit geste éco

Inutile de traverser la planète pour être dépaysé ! Pour les vacances, des destinations plus proches peuvent être idéales : des régions de France ou certains pays européens, comme l'Espagne, l'Allemagne ou l'Autriche, ne sont qu'à quelques heures de train !

Construire écologique

Le chauffage de l'eau représente 12 % de la consommation énergétique des logements. Si chaque foyer avait un chauffe-eau solaire, ce serait autant d'énergie non prélevée sur le réseau d'électricité !

Rendre nos constructions plus écologiques est un moyen à la fois simple, accessible et efficace de préserver les ressources, d'éviter l'artificialisation des sols et de lutter contre le réchauffement climatique.

Préserver les milieux

Nos constructions peuvent utiliser moins de ressources sans perturber les écosystèmes. Il suffit de mettre la priorité sur les bâtiments déjà existants (inoccupés ou à rénover), plutôt que de construire du neuf en empiétant sur les milieux naturels ou les terres agricoles ; de construire en hauteur, plutôt que d'étaler les villes ; et de choisir des matériaux de construction locaux et écologiques.

Rénover efficacement

Lorsqu'elle est pratiquée par étapes, comme c'est aujourd'hui majoritairement le cas, la rénovation énergétique des bâtiments est inefficace et coûte au final plus cher. Pour être performante, elle doit se penser et être programmée sur toute la maison à la fois, plutôt que d'être faite par petites touches isolées.

Économies d'énergie

Le chauffage est responsable de 70 % de la consommation énergétique des logements en France. Grâce à une rénovation énergétique performante, avec en particulier une bonne isolation, cette consommation peut être divisée par 4 !

40

La construction d'une maison individuelle neuve nécessite 40 fois plus de matériaux qu'une rénovation !

La maison économe en énergie

Une construction bien pensée ou la rénovation énergétique d'une maison peuvent réduire efficacement la consommation d'énergie de ses habitants. Cela passe par...

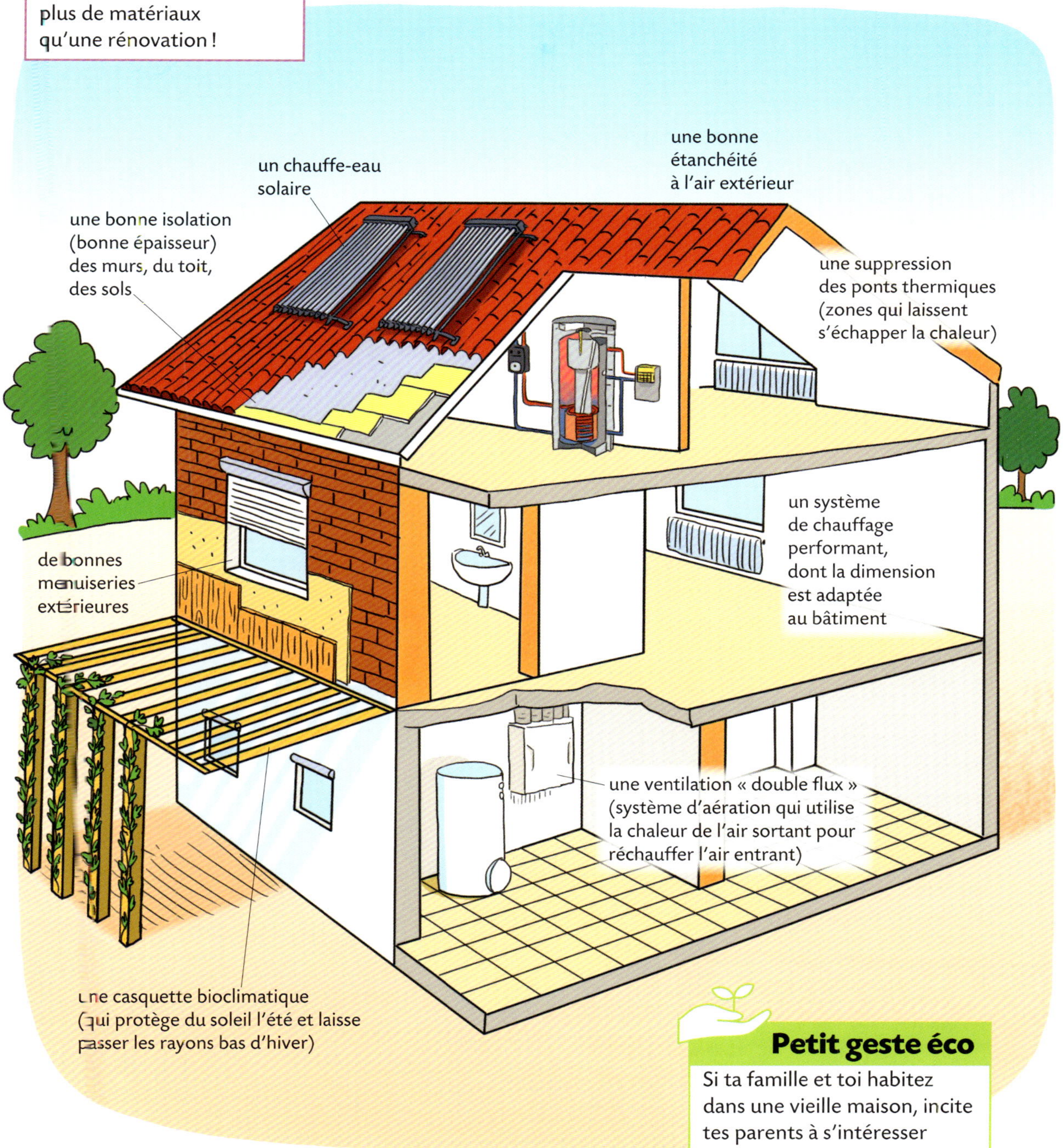

Petit geste éco

Si ta famille et toi habitez dans une vieille maison, incite tes parents à s'intéresser à la rénovation énergétique.

Repenser la ville

Parfois considérée comme un gouffre de ressources et une usine à déchets, la ville peut être un écosystème équilibré et un lieu convivial où l'on se sent bien.

La cité de demain

Avec un peu d'imagination, on peut associer les nombreuses initiatives lancées à travers le monde et se projeter vers la ville du futur : voici la ville écologique !

1. Fini les voitures : les habitants se réapproprient l'espace public. Le lien social perdu renaît.

2. La monnaie locale conserve les richesses sur place et soutient l'emploi en local. Réparation, location, artisanat et fait-main sont devenus la norme.

3. Les espaces verts permettent de respirer, de se ressourcer, de créer de la convivialité.

4. Les emballages plastiques n'existent plus, on achète en vrac en apportant ses contenants et ses sacs de transport.

5. Les jardins partagés complètent l'agriculture locale.

6. Grâce à la marche, aux vélos, à l'isolation et aux chauffe-eau solaires, les besoins énergétiques de la ville sont fortement réduits. L'énergie est renouvelable, locale et choisie collectivement par les habitants du quartier.

7. Les transports en commun, plus nombreux, fonctionnent au biogaz et à l'électricité.

La classe de plein air fait partie du programme scolaire.

Les corridors écologiques font le lien entre les habitats des espèces pour reconstituer ce qu'on appelle une trame verte, bleue (cours d'eau), noire (nuit, étoiles) ou brune (sols non imperméabilisés).

Les villes en transition

Depuis 2005, le mouvement des villes en transition cherche à rendre les villes résistantes face à l'épuisement des ressources et au changement climatique. Ainsi, toutes les initiatives permettant de gagner en autonomie, d'établir une économie circulaire (*voir* p. 108-109) sont bienvenues. À ce jour, il y a plus de 2 000 initiatives de transition dans le monde !

Petit geste éco

Et si tu participais toi aussi à la transition écologique de ta ville ? Renseigne-toi, les initiatives à suivre ou à créer ne manquent pas, et tu peux déjà en trouver quelques-unes dans ce livre !

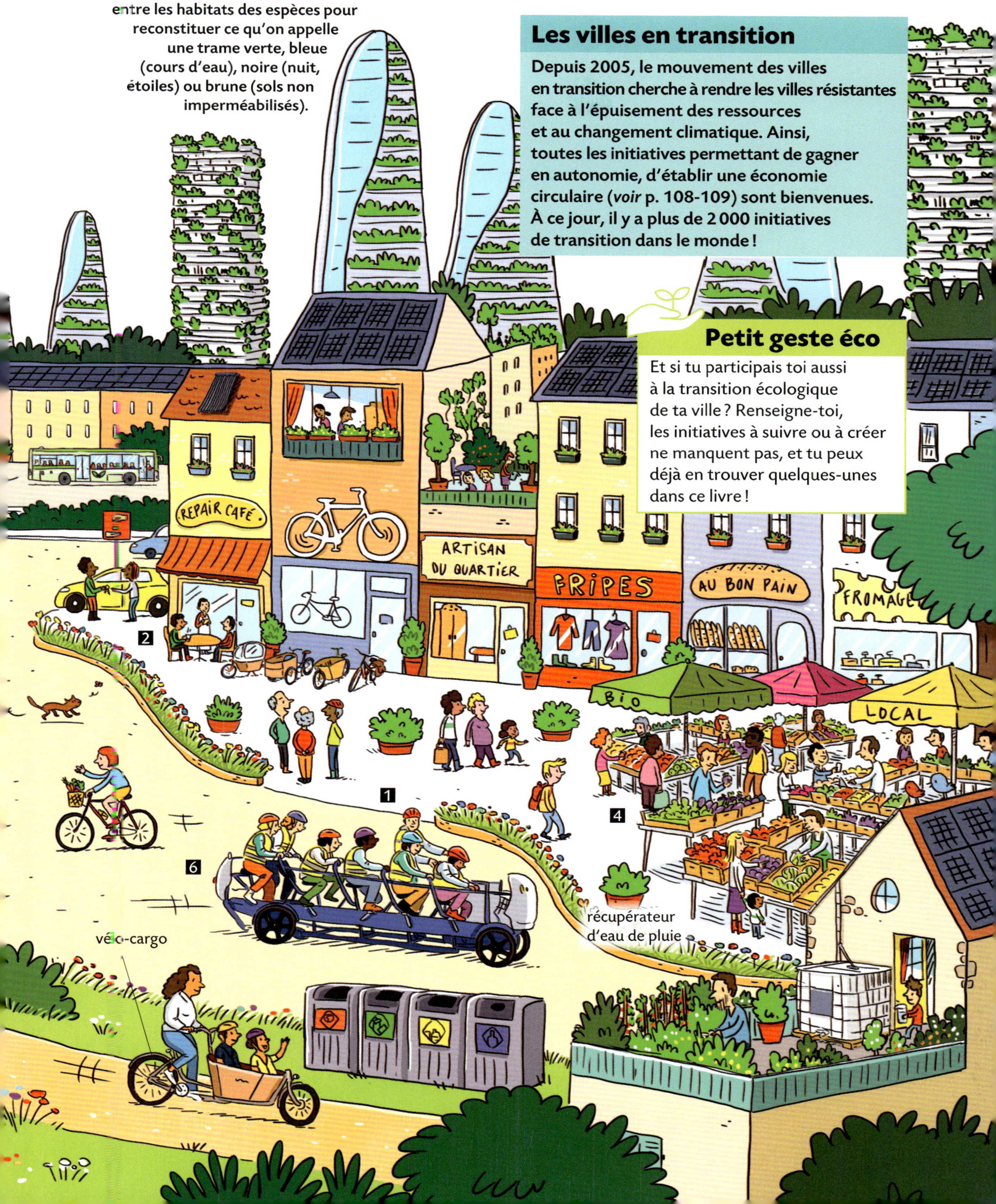

Si nous éteignions les villes durant les nuits d'été, nous verrions cet extraordinaire spectacle qu'est la Voie lactée. Nous réaliserions alors peut-être que nous sommes bien peu de chose face à l'immensité de l'univers.

Se reconnecter à la nature

Si les humains se considéraient comme faisant partie de la nature, à égalité avec ceux qui la constituent, s'ils prenaient en compte l'importance de l'équilibre des écosystèmes et de la vie de chaque être… Notre monde serait alors bien différent !

Nous sommes la nature

L'homme occidental a longtemps cherché à s'éloigner de la nature, notamment parce qu'elle lui était hostile. En témoigne la création même du mot « nature » qui, en qualifiant tout ce qui est non humain, considère l'homme comme un être à part, au-dessus des autres. D'autres civilisations, comme les Achuar d'Amazonie, n'ont pas établi cette distinction : ils sont la nature et traitent les autres êtres vivants comme leurs égaux.

Petit geste éco

Passe le plus de temps possible dans la nature, apprends à la connaître pour mieux la respecter et la protéger.

1 sur 2

Dans le monde, plus de 1 personne sur 2 vit en ville, souvent déconnectée de la nature. Reconnectons-nous !

L'un des slogans de la ZAD de Notre-Dame-des-Landes (*voir* p. 166) était : « Nous ne défendons pas la nature, nous sommes la nature qui se défend. » Prenons-en de la graine !

Ouvrons nos sens

Se reconnecter à la nature commence par prêter attention aux détails, à ce brin d'herbe qui parvient à pousser entre les dalles de béton, à cette abeille qui butine, à cette hirondelle volant au-dessus de nos têtes… C'est aussi écouter le chant des oiseaux, sentir l'odeur de la terre mouillée et toucher l'écorce d'un chêne, s'émerveiller de la biodiversité et de sa complexité. Ainsi seulement la nature pourra être respectée.

Rétablir l'équilibre

Aujourd'hui plus que jamais, l'homme connaît les maux de la Terre et sait comment les soigner. Partout dans le monde, nombreux sont ceux qui, à tout âge, agissent en s'unissant pour rétablir l'équilibre écologique de notre planète. Car, sans cet équilibre, impossible d'envisager un avenir serein. Il est encore temps. Alors, agissons !

Les *Forest schools* (ou écoles de la forêt), nombreuses notamment dans les pays du nord de l'Europe, intègrent dans l'apprentissage la découverte de la nature.

Imagine…

Le biologiste et dessinateur Alessandro Pignocchi imagine dans ses bandes dessinées un monde où les humains considèrent autant les autres espèces vivantes que la leur. Et si, à ton tour, tu essayais d'imaginer un monde comme celui-ci ?

L'art est idéal pour cela : tu peux dessiner, écrire, peindre, sculpter…

Montre le fruit de tes idées et propose à tes copains d'en faire autant !

COPAIN de L'ÉCOLOGIE

CAHIER PRATIQUE

Métiers

Écologue

Sa mission est d'étudier l'impact des activités humaines sur l'environnement et de chercher à le minimiser. L'écologue intervient en amont d'un projet (avant la construction d'un centre commercial ou d'une autoroute, par exemple) pour identifier et analyser les problématiques du lieu. Il conseille et propose des solutions, souvent pour préserver des espèces présentes sur le site. Il peut aussi être amené à présenter le projet aux riverains, aux associations locales... Une fois le projet mis en œuvre, il préconise des actions pour en compenser les impacts négatifs sur la biodiversité.

Faire respecter les normes

C'est aussi lui qui veille au respect des normes et des réglementations liées à l'environnement. Il doit donc les connaître parfaitement et se tenir informé en permanence, car ces règles évoluent vite.

Multitâches

L'écologue est un ingénieur. Il fait donc de longues études scientifiques (bac + 5 ou plus) en école d'agronomie ou à l'université, et maîtrise l'anglais scientifique. Mobile, il se rend régulièrement sur le terrain pour recueillir des données (inventaires, diagnostics...), mais il travaille aussi beaucoup sur son ordinateur (analyse des résultats, rédaction de rapports...).

Technicien

Que ce soit pour le suivi des pollutions, l'entretien des équipements de traitement des déchets ou de l'eau, des techniciens œuvrent en laboratoire et sur le terrain pour que toutes ces machines fonctionnent.
De nombreuses formations courtes mènent à ces métiers : bac pro, DUT ou BTS techniques (bac + 2).

Technicien thermicien

Il s'occupe des installations de chauffage, de climatisation, de production d'énergie et de froid. Son rôle : installer, contrôler et assurer la maintenance de ces équipements, dans le respect des normes environnementales.
Il est très doué en électronique, en physique et en informatique.

Technicien de traitement des déchets

Son rôle est de prélever et d'analyser des échantillons de déchets pour organiser leur tri et les orienter vers le bon site : stockage, incinération ou valorisation (recyclage ou revente).
Il surveille aussi la chaîne d'opérations de traitement.

Technicien de mesure de la pollution

Il se déplace beaucoup pour relever les données des appareils de surveillance de la pollution, et en assurer la maintenance et les réparations.

Ingénieur

Les études d'ingénieur (bac + 5) peuvent mener à quantité de métiers dans le domaine de l'environnement, en fonction des spécialisations choisies.

Ingénieur en énergies renouvelables

Il s'intéresse aux projets d'implantation de panneaux photovoltaïques, d'éoliennes, d'hydroliennes... Il étudie la faisabilité du projet, détermine le choix du site et intervient dans la maintenance des installations. En laboratoire, il améliore les technologies existantes ou en conçoit de nouvelles.

Ingénieur hydraulique

Il développe et gère les réseaux d'approvisionnement en eau, de leur conception à leur entretien. Dès leur installation, il teste ces réseaux et trouve les solutions techniques aux éventuels problèmes détectés.

Ingénieur forestier

Qu'il travaille pour l'État ou pour un propriétaire privé, il planifie l'exploitation des forêts : supervision du marquage des arbres à couper, évaluation de leur volume pour leur évacuation, gestion du reboisement. C'est aussi lui qui s'occupe de la protection contre les avalanches ou du maintien des dunes.

Écotoxicologue

En laboratoire, il analyse les effets nocifs des activités humaines sur la santé et l'environnement (eau, air, sol, aliments). Il recherche la présence de produits chimiques dans des échantillons, analyse leur toxicité et s'ils sont biodégradables, leur dissémination dans le corps humain ou dans la nature, la concentration à partir de laquelle ils deviennent dangereux. Il peut participer à la définition des normes sanitaires et de sécurité des produits.

Acousticien

Spécialiste du bruit, il cherche à minimiser la pollution sonore et peut mener 3 grands types de missions : la mesure des décibels et la comparaison avec les normes autorisées ; la conception et la fabrication d'outils de mesure ou de matériaux qui atténuent le bruit ; et enfin la cartographie de la pollution sonore sur une zone précise.

L'expert bilan carbone

Il réalise des diagnostics d'émissions de gaz à effet de serre pour les entreprises et les villes. Il leur propose ensuite des solutions durables pour réduire l'impact de leurs activités sur le changement climatique : mieux isoler leurs bâtiments, organiser des visioconférences et du télétravail pour réduire les déplacements de leurs employés...

Conseiller espace info-énergie (EIE)

Mi-éducateur, mi-technicien, il travaille dans un « espace info-énergie » mis en place par l'Ademe, ou pour des associations de développement des énergies renouvelables ou d'amélioration de l'habitat.

Communiquant et pédagogue

Le conseiller EIE doit savoir adapter son discours à tous les types de publics : des particuliers (adultes et enfants) comme des professionnels (industriels, collectivités locales) qui viennent le consulter pour mieux gérer leur consommation d'énergie, rénover intelligemment des bâtiments, améliorer les politiques de transport... Pour toucher le plus grand nombre, le conseiller EIE organise régulièrement des expositions, des conférences, des visites de sites, et rédige des brochures d'information et de conseil.

Technologie et droit

Un BTS ou un DUT (bac + 2), voire une licence pro (bac + 3) dans le domaine de l'énergie est nécessaire pour devenir conseiller EIE. En plus de son bagage technique, celui-ci doit connaître les réglementations en vigueur en France (et en Europe) et les différentes aides de l'État, souvent difficiles à identifier et à demander.

Maître-composteur

Ce métier a vu le jour avec l'installation croissante de composteurs dans les jardins des particuliers, les écoles, les immeubles ou encore les entreprises. La mission principale du maître-composteur est de former le public à la mise en route d'un projet de compostage. Pour les grosses opérations, il réfléchit à la solution la plus adaptée et la suit sur le long terme.

Spécialiste en biodéchets

Un maître-composteur peut travailler à son compte, ou pour une collectivité locale ou une association spécialisée dans la valorisation des déchets. Il sensibilise le public à l'intérêt du compostage en organisant des conférences, des réunions publiques, des ateliers, des expositions. Aimer le contact avec les gens et le travail en extérieur est donc nécessaire.

Sur le tas

Les premiers maîtres-composteurs se sont formés seuls sur le terrain, mais l'Ademe a depuis recensé les formations possibles. Ce sont des formations courtes et accessibles à tous, même s'il est bon de se former aussi à l'animation pour savoir gérer un groupe et l'entraîner dans l'aventure !

Climatologue

Température de l'air et de l'océan, chutes de pluie et de neige, courants marins, épaisseur des glaces...
Grâce à de complexes programmes informatiques, le climatologue analyse de nombreux paramètres et leurs interactions. Il s'intéresse aux données récentes, mais aussi à celles du passé – parfois très lointain (des milliers, voire des millions d'années) – pour ensuite essayer de comprendre comment le climat pourrait évoluer.

Travail d'équipe

Après avoir suivi des études scientifiques (au moins bac + 5), il travaille principalement en laboratoire, en équipe avec des chercheurs d'autres spécialités (glaciologues, océanologues, géologues...) venant du monde entier. La maîtrise de l'anglais est donc indispensable.

Lire dans les chiffres

Le climatologue analyse des données chiffrées, produit cartes, diagrammes, rapports... Il peut aussi se rendre sur le terrain, par exemple à la suite d'une inondation ou d'un tsunami, pour effectuer des relevés, étudier le phénomène de près et aider à anticiper les prochaines catastrophes naturelles.

Journaliste scientifique

Si les actualités sur l'écologie et l'environnement circulent et nous parviennent, c'est notamment grâce au journaliste scientifique.
À l'affût des découvertes des chercheurs et des initiatives locales, il transmet l'information au grand public par ses articles de presse écrite, ses reportages de télévision, ses chroniques radio, ses billets Internet... et même *via* les réseaux sociaux !
Peu importe le support, il doit savoir transmettre l'actualité scientifique de façon simple et compréhensible, pour la rendre accessible à son audience.

Curiosité et sérieux

Il est possible de commencer par une formation supérieure scientifique (au moins bac + 4) avant de se former au journalisme. À l'inverse, on peut aussi débuter par des études de journalisme puis se spécialiser dans le domaine scientifique ou environnemental.

Le journaliste scientifique doit avant tout être curieux, gourmand de connaissances et doué pour l'écriture. Pour maîtriser son sujet, il lit beaucoup de documentation, s'appuie sur des sources sérieuses et vérifiées, réalise des interviews et se rend sur place en reportage.

Métiers
Adresses
Glossaire
Index
Crédits

Adresses et liens utiles

Découvrir et protéger l'environnement

France Nature Environnement (FNE)
Fédération française des associations de protection de la nature et de l'environnement, la FNE est la porte-parole d'un mouvement de 3 500 associations. Quand un grand projet voit le jour (construction d'une autoroute, d'un parc d'éoliennes...), ses militants participent aux instances de concertation.

81-83, boulevard de Port-Royal
75013 Paris
Tél. : 01 44 08 02 50
Site : fne.asso.fr

Ligue pour la protection des oiseaux (LPO)
Malgré son nom, la LPO s'engage pour la protection de la nature dans son ensemble. Elle participe à des programmes européens de sauvegarde d'espèces et gère des milliers d'hectares d'espaces naturels. Elle propose aussi toutes sortes d'animations (ateliers, sorties, conférences...).

Site : lpo.fr

Fonds mondial pour la faune sauvage (WWF)
Le WWF œuvre pour mettre fin à la dégradation de l'environnement partout dans le monde et réduire l'empreinte écologique de l'humanité. Il intervient auprès des entreprises pour les aider à améliorer leurs pratiques.

Site : wwf.fr

Fédération des clubs Connaître et protéger la nature (FCPN)
Pour avoir envie de protéger la nature, il faut la connaître, et pour cela, le mieux est d'y passer du temps dès le plus jeune âge ! C'est la philosophie des clubs CPN. Pour les aider à organiser leurs sorties et ateliers nature, la FCPN édite des supports pédagogiques drôles et scientifiques, propose des stages...

Site : fcpn.org

Association Noé
Afin de reconnecter l'homme à la nature, Noé a développé des programmes de science participative (l'Observatoire des jardins, celui des forêts et celui de la biodiversité nocturne). Chacun peut ainsi envoyer ses observations à un réseau de chercheurs. L'association aide aussi tous les amoureux de la nature à restaurer la biodiversité de proximité, notamment dans nos jardins, nos villes, nos mares...

Site : noe.org

Changer ses habitudes et agir

Fondation Nicolas Hulot pour la nature et l'homme
Fondée en 1990, la FNH cherche à métamorphoser nos sociétés par le changement des comportements individuels et collectifs. Elle est à l'origine de nombreuses campagnes pour agir en faveur de l'environnement ; par exemple, « J'agis pour la nature », « Génération Climat » et « L'Affaire du siècle ».

6, rue de l'Est
92100 Boulogne-Billancourt
Tél. : 01 41 22 10 70
Site : fondation-nature-homme.org

Agence de la transition écologique (Ademe)
L'Ademe dépend du gouvernement français. Elle informe et conseille sur toutes les questions liées à l'environnement et à l'énergie. Elle finance aussi des programmes de recherche, lance des campagnes de communication pour faire évoluer les mentalités, organise de grands événements auxquels tu peux participer : Semaine européenne de réduction des déchets, Défi pour la planète... Tu peux aussi devenir incollable sur l'écologie grâce à la section d'information du site, « Particuliers et écocitoyens ».

Site : ademe.fr

Youth for climate
C'est le mouvement des « jeunes pour le climat » initié par Greta Thunberg : lycéens et étudiants veulent sensibiliser le plus grand nombre aux questions écologiques et dénoncer l'inaction des dirigeants politiques.

Site : youthforclimate.fr

Il est encore temps
Développé par plusieurs associations, médias associatifs et groupes citoyens, ce site est une mine d'idées et de ressources pour nous aider à trouver notre place et agir pour le climat et la biodiversité.

Site : ilestencoretemps.fr

Programme Éco-école
Ton établissement scolaire pourrait intégrer le programme Éco-école d'éducation au développement durable. Après avoir choisi un thème parmi 8 (eau, énergie, biodiversité, alimentation, déchets...), vous mènerez l'enquête dans votre école, puis vous trouverez des solutions concrètes à mettre en place pour améliorer les résultats de votre état des lieux, comme de vrais écologues !

Site : eco-ecole.org

Transiscope, le portail web des alternatives
Cette plateforme tente de répertorier le maximum de projets de transition écologique et sociale. Tu y trouveras les organisations et les initiatives citoyennes qui pourraient t'intéresser près de chez toi.

Site : transiscope.org

Club Citeo
Le site junior d'Éco-emballages (l'organisme chargé du tri et de la collecte des emballages ménagers en France) t'aide à devenir un écocitoyen et à bien trier les déchets grâce à des vidéos et des jeux.

Site : clubciteo.com

Ressourceries
Apportes-y les objets et vêtements que tu n'utilises plus. S'ils ne sont pas réparables, ils seront recyclés dans la filière adaptée. Les autres seront nettoyés, testés, réparés, puis remis en vente. Tu trouveras peut-être ton bonheur dans ces magasins à prix réduits !

Site : icionrecycle.fr

Friperies
Acheter des vêtements d'occasion est devenu un acte moderne, tendance... tout en restant économique et écologique ! La plupart des friperies de France sont répertoriées sur The Place to frip.

Site : theplacetofrip.com

S'informer

Des magazines jeunesse : *Wapiti, La Salamandre, La Hulotte, Science & Vie Junior...*

Des chaînes YouTube : Partager c'est sympa ; La Barbe ; L'Esprit sorcier...

Nos équipes ont vérifié le contenu des sites Internet mentionnés dans cet ouvrage au moment de sa réalisation et ne pourront être tenues pour responsables des changements de contenu intervenant après la parution du livre.

Adresses
Glossaire
Index
Crédits

Glossaire

Aérosols : particules très fines, solides ou liquides, en suspension dans l'air.

Anthropique : causé par l'activité humaine.

Aquaculture : élevage d'animaux aquatiques (poissons, crustacés, mollusques).

Atmosphère : enveloppe protectrice qui entoure la Terre, constituée de gaz.

Banquise : étendue de mer gelée, formée par la solidification des premières couches d'eau salée.

Biodéchet : déchet d'origine végétale ou animale, donc biodégradable (déchet alimentaire, déchet vert, carton et papier).

Biodégradable : déchet que les bactéries sont capables de décomposer rapidement, pour le transformer en matière organique utilisable par les plantes.

Biodiversité : variété du monde vivant à tous les niveaux : écosystèmes, espèces, populations, individus, gènes.

Bioénergie : énergie renouvelable exploitant la biomasse : bois de combustion, agrocarburants, biogaz, énergie musculaire des animaux... et des humains (marche, vélo...).

Biomasse : masse totale de la matière vivante (végétale, animale, fongique et bactérienne) sur Terre ou dans un écosystème donné.

Boycott : refus volontaire d'acheter un produit, de participer à un événement pour montrer son opposition.

Calotte glaciaire : épaisse couche de glace terrestre.

Changement climatique : ensemble des variations du climat en un endroit donné au cours du temps. À l'échelle de la Terre, le climat se réchauffe rapidement sous l'effet des activités humaines ; on parle donc aussi de « réchauffement climatique ».

Climatosceptique : personne qui minimise le rôle des activités humaines dans le réchauffement global, voire qui nie ce réchauffement.

CO_2 (dioxyde de carbone) : principal gaz à effet de serre participant au changement climatique.

Compost : engrais naturel issu du recyclage des matières organiques, biodégradables.

***Cracking* :** les industries agroalimentaires « craquent » certains aliments (lait, œufs, céréales...) en de nombreux éléments variés, qui sont ensuite utilisés pour reconstituer des aliments.

Croissance verte : croissance économique qui se veut respectueuse de la nature et vise à remédier aux atteintes qui sont portées à celle-ci.

Décroissance : ensemble d'idées visant à stopper la croissance économique telle qu'elle est conçue aujourd'hui afin de limiter l'impact des activités humaines sur l'environnement.

Développement durable : mode de développement de nos sociétés (entreprises, villes, commerces...) qui répond aux besoins actuels sans compromettre la capacité des générations futures à répondre aux leurs.

Écoconception : démarche qui intègre les aspects environnementaux dès la conception d'un produit, puis tout au long de son cycle de vie : fabriquer à partir d'un maximum de ressources renouvelables, recyclage simple, longue durée de vie...

Écosystème : système formé par un milieu physique (sol, eau, air, climat, lumière) et l'ensemble des êtres vivants qui y vivent.

Endémique : espèce propre à un territoire spécifique.

Énergie fossile : énergie produite à partir de roches issues de la fossilisation d'êtres vivants (pétrole, gaz naturel, charbon).

Énergie renouvelable (EnR) : énergie qui se renouvelle suffisamment vite pour être considérée comme inépuisable à l'échelle humaine (issue du soleil, du vent, de l'eau, de la chaleur de la Terre...).

Engrais : fertilisant, substance qui apporte des éléments nutritifs aux plantes.

Environnement : ensemble des éléments (naturels et artificiels) qui entourent un individu ou une espèce, avec lesquels il peut interagir.

Évapotranspiration : vapeur d'eau émise par le sol, les nappes d'eau et la transpiration des plantes.

Gaz à effet de serre (GES) : gaz qui absorbent et emprisonnent une partie des rayons solaires dans l'atmosphère et la réchauffent.

Giec : groupement intergouvernemental d'experts sur l'évolution du climat. En rassemblant les données scientifiques et socio-économiques les plus récentes, ces chercheurs évaluent le changement climatique, ses effets sur l'environnement et les sociétés, pour ensuite proposer des solutions.

***Greenwashing* (ou écoblanchiment) :** technique de marketing qui vise à donner une image écologique trompeuse à un produit ou une marque.

Isolant (thermique, phonique) : matériau qui empêche ou atténue les échanges d'énergie entre 2 systèmes : l'isolant thermique lutte contre le passage du chaud et du froid, l'isolant phonique contre celui du bruit.

Label : marque collective qui certifie certaines qualités d'un produit (son origine, le respect de normes précises...).

Low-tech : ensemble de techniques simples et économiques (réparation, fabrication personnelle...) employées sur des matériaux recyclés ou de matières premières naturelles, peu gourmandes en énergie. C'est l'inverse du high-tech.

Matière organique : matière provenant de la décomposition des êtres vivants végétaux, animaux et bactériens. Contraire de la matière minérale.

Militantisme : fait d'agir, de façon organisée, pour la prise en compte d'une opposition à un projet ou un système. Les militants écologiques luttent pour préserver l'environnement.

Minéraux : matériaux solides cristallisés, non vivants ; assemblés, ils forment des roches.

Mondialisation : mise en relation des sociétés et des économies du monde entier, au-delà des frontières nationales.

Obsolescence programmée : techniques visant à réduire la durée de vie des produits, et donc à en accélérer le renouvellement.

OGM (organisme génétiquement modifié) : être vivant dont une partie du génome (ensemble des gènes) a été modifiée volontairement par des techniques humaines.

OMS (Organisation mondiale de la santé) : agence de l'ONU dont la mission est d'améliorer la santé pour toutes les populations du monde.

ONG (organisation non gouvernementale) : association à but non lucratif (qui ne cherche pas à produire de la richesse), indépendante des États, à visée humanitaire ou environnementale.

Pergélisol (ou permafrost) : sol et sous-sol gelés en permanence. On le trouve près des pôles et en haute altitude.

Pollution : dégradation de l'environnement à la suite de l'introduction d'éléments dans l'air, le sol ou l'eau, et pouvant nuire à la santé humaine.

Pression de sélection : contraintes de l'environnement qui poussent une espèce à évoluer, à se transformer.

Produit phytosanitaire : produit chimique ou d'origine naturelle utilisé pour soigner ou prévenir les maladies des végétaux.

Protocole de Kyoto : accord rédigé en 1997 ; les pays industrialisés qui l'ont signé se sont engagés à réduire leurs émissions de GES.

Puits de carbone : « réservoir » qui capte et stocke le carbone de l'atmosphère : océans, sols et forêts.

Recyclage : méthode qui récupère les différents éléments des déchets et les réintroduit dans le cycle de production, en remplacement total ou partiel des matières premières neuves.

Résilience : capacité d'un écosystème, d'un individu, d'une population ou d'une espèce à retrouver un fonctionnement normal après une grave perturbation. Une société, comme une personne, peut être résiliente.

Sélection naturelle : en vertu de ce mécanisme moteur de l'évolution des espèces, les individus les mieux adaptés (grâce à leurs gènes) survivent et se reproduisent, quand les autres disparaissent.

Stress hydrique : manque d'eau.

Transition écologique : modèle économique et social favorable à une agriculture biologique, une production réparable et recyclable (donc durable) qui préserve les ressources naturelles et la biodiversité.

ZAD : « zone à défendre » où des militants viennent s'installer pour contrer un projet de construction qui met en danger un écosystème biologique ou social. On dit alors de ces personnes, les zadistes, qu'elles « occupent » les lieux.

Index

F

G

H

I

J

L

M

N

O

P

R

S

T

U

V

W

Z

Crédit des photographies et des illustrations

Photographies

Biosphoto
P. 12 (b) Daniel Heuclin; p. 13 R. Kightley/SPL; p. 14 (m) Markus Varesvuo; p. 19 (h) Gérard Lacz, (b) M. Cole/FLPA; p. 21 (m) Sergio Hanquet, (b) Eric Lefranc; p. 24 (b) B. Harber/Ecoscene; p. 26 (b) Christophe Migeon; p. 40 C. Lee/Minden Pictures; p. 44 (b) T. Koene/Lineair; p. 62 U.S. Coast Guard/ SPL; p. 78 (b) Quentin Martinez; p. 79 David Tatin; p. 82 (b) André Pascal; p. 83 NouN; p. 84 (b) Claudius Thiriet; p. 90 Jean Mayet; p. 113 S. Booth/Photoshot; p. 116 Evelyne Boyard; p. 132-133 Raphaël Sané; p. 142 (h) A. Semenov/SPL; p. 145 NASA/SPL; p. 151 M. Breiter/Minden Pictures;

iStock
P. 8-9 Chinnapong; p. 10 (b) susafri; p. 11 CasarsaGuru; p. 12 (h) yuelan; p. 14 (b) Freder; p. 15 SDI Productions; p. 18 (b) membio; p. 22 (h) tovfla; p. 26 (h) zorazhuang; p. 27 (bg) Whiteway; p. 28-29 SeanXu; p. 30 (h) leonello; p. 34 CreativeNature_ nl; p. 37 Jorgefontestad; p. 39 MediaProduction; p. 49 AndrewKravchenko; p. 53 Patryk_Kosmider; p. 54 hanhanpeggy; p. 60 (mg) undefined undefined, (b) Sven Loeffler; p. 61 (h) StockPlanets; p. 63 (h) chinasong, (b) francisblack; p. 68 (h) Pixavril; p. 70-71 Jay Yuno; p. 73 pailoolom; p. 80 simonkr; p. 84 (h) pixdeluxe; p. 85 ClarkandCompany; p. 86 (h) mjutabor; p. 91 (b) vm; p. 95 Максим Шмаков; p. 96 (b) domin_domin; p. 100 (h) Sjoerd van der Wal; p. 105 (h) morkeman; p. 107 okugawa; p. 112 (b) hadynyah; p. 114 (h) Willowpix, (b) Sjo; p. 118 D. Hay Jones/SPL; p. 119 (g) joel-t; p. 137 Don Mennig; p. 139 (h) AVTG; p. 144 khanbm52; p. 152 (h) cinoby, (b) peeterv; p. 155 (h) Puripat penpun; p. 161 (h) Blend Images RF; p. 168 Buddhika_Jayawardana; p. 169 labsas; p. 170 chinaface; p. 176 kamisoka; p. 179 racheldonahue; p. 181 SolStock.

Photo12/Alamy
P. 45 Alissa Everett; p. 94 (h) Science History Images; p. 155 (b) COP21; p. 175 David Gee.

Photononstop
P. 27 (h) Jacques Loic; p. 41 DPA; p. 46 (b) S. Auth/ imageBroker; p. 52 (b) Philippe Turpin; p. 55 (b) Nicolas Thibaut; p. 56 AGEfotostock; p. 59 (h) Alain Le Bot; p. 69 DPA; p. 76 (b) Alain Le Bot; p. 88 Jacques Loic; p. 98 (b) G. Forster/DPA; p. 103 (bg) DPA; p. 106 Philippe Turpin; p. 119 (d) Philippe Turpin; p. 153 (h) DPA; p. 156-157 Roger Rozencwajg; p. 159 (h) Philippe Turpin.

Shutterstock
P. 10 (h) Chinnapong; p. 18 (h) Uwe Bergwitz; p. 20 Baranov E; p. 21 (h) Avigator Fortuner; p. 23 Jean-François Manuel; p. 24 (h) Elgub; p. 30 (b) NsdPower; p. 32 (b) Andrey Armyagov; p. 33 Robert Przybysz; p. 35 Kertu; p. 36 Bjoern Wylezich; p. 38 Alexander Knyazhinsky; p. 38-39 Rudmer Zwerver; p. 44 (h) athosvieira; p. 46 (h) Olga Gordeeva; p. 48 Lowphoto; p. 50-51 Pavlo Glazkov; p. 52 (h) k_samurkas; p. 55 (mg) Bjoern Wylezich; p. 57 (h) fokke baarssen; p. 58 (b) Stefano Ember; p. 64 Fly_and_Dive; p. 65 (h) A_Lesik, (b) Max Sky; p. 66 f11photo; p. 68 (b) EQRoy; p. 76 (h) alicja neumiler; p. 78 (h) Michael Blahout; p. 82 (h) Art supplier; p. 86 (b) Hong Vo; p. 92-93 hallojulie; p. 94 (b) rui vale sousa; p. 96 (h) Stephen M Brooks; p. 97 yanik88; p. 99 (hg) venimo, (b) Sorbis; p. 104 Pierre-Olivier; p. 105 (m) brizmaker, (b) Popova Valeriya; p. 110-111 ErikCat; p. 117 Mr.1; p. 121 InfoFlowersPlants; p. 122 Newman Studio; p. 123 (*Triman*) YegoeVdo22, (*autres logos*) KravOK; p. 124 (h) Artfully Photographer, (b) Chiara Magi; p. 128 wael alreweie; p. 130 (h) S. Pech; p. 131 (m) Dima Zel; p. 135 AJP; p. 136 (b) Mathis Boussuge; p. 139 (b) humphery; p. 140 Bob and Tessa; p. 147 Stanislav71; p. 148 Mike Fouque; p. 149 elRoce; p. 153 (b) Ulannaq Ingemann; p. 154 superjoseph; p. 158 Mathis Boussuge; p. 159 (b) magicinfoto; p. 163 Agarianna76; p. 166 Holli; p. 167 (h) ChameleonsEye, (b) Mauro Ujetto; p. 174 Denis Belitsky; p. 178 goodluz.

Afnor, UE Écolabel : p. 125.

Agence BIO : p. 77 (h).

Peter Charaf/Race for Water : p. 126 (b).

CNES/David Ducros, 2015 : p. 141.

Coral Guardian/Martin Colognoli : p. 142 (b).

Freepik.com : p. 108-109 (*carte*).

Patrick Gentier/Fondation Tara Océan : p. 143.

Anne Lesterlin : p. 115.

Low-tech Lab : p. 100 (b).

Anne-Lore Mesnage : p. 180.

Objectifs de développement durable des Nations Unies (ONU) : p. 161 (b).
Le contenu de cette publication n'a pas été validé par les Nations Unies et ne reflète en aucun cas la vision de l'ONU, de ses officiels ou de ses États membres.
Site : un.org/sustainabledevelopment

Repair Café Blagnac : p. 101.

Surfrider Europe : p. 126 (h).

Couverture

Illustrations et photographies numérotées de haut en bas.
Illustrations de Sébastien Chebret et Benjamin Flouw (pour l'illustration principale de couverture).
Photographies de : leonello/iStock (1.2), EQRoy/Shutterstock (4d.1), StockPlanets/iStock (4d.2), fokke baarssen/Shutterstock (4d.3), Bjoern Wylezich/Shutterstock (4g.3).

Malgré tout le soin apporté à cet ouvrage, des erreurs ont pu se glisser dans ses pages. Nous apprécierions que des lecteurs nous en fassent part pour que nous les corrigions avant une prochaine réédition.